Un nuevo corazón, una nueva persona

Un nuevo corazón, una nueva persona

Reflexiona, ora y canta.
Para transformar y sanar tu corazón

Francisco Javier Velázquez Cárdenas

Para realizar pedidos de este libro, contacte con:
Palibrio
1663 Liberty Drive
Suite 200
Bloomington, IN 47403
Gratis desde EE. UU. al 877.407.5847
Gratis desde México al 01.800.288.2243
Gratis desde España al 900.866.949
Desde otro país al +1.812.671.9757
Fax: 01.812.355.1576
ventas@palibrio.com
702273

ÍNDICE

DEDICATORIA

Dedico este libro a toda mi familia: A mis abuelos, mis padres, mis tíos, primos...y mi hermanito José de Jesús, que aunque ya no están entre nosotros, sabemos que están en un mejor lugar... Con Dios, nuestro Señor, pidiendo por todos los que seguimos aquí. A todos mis hermanos, tíos, primos, esposa e hijo que aún viven.

AGRADECIMIENTOS

A Dios, por todos los dones que me da, para compartir con mis hermanos.

A mis hermanos Sacerdotes, Obispos, Cardenales y San Juan Pablo II, S.S. Papa Benedicto XVI y S.S. Papa Francisco.

A todos mis hermanos en Cristo, Psicólogos, escritores y una lista muy grande de amigos y familiares, que de una u otra forma colaboraron para realizar este proyecto. En especial, a mi hijo: Josué Eduardo, que fue el motor principal, motivo de inspiración para iniciar con este sueño.

Y a ti. Hermano (a) de todo el mundo, que deseas ser una nueva persona, para hacer de este mundo, un mundo mejor.

PRÓLOGO

¿Vivir cantando o cantar viviendo?

Es una buena interrogante cuando se trata de la vida de un hombre que ha hecho de la oración, la música y la poesía parte importante de su vida.

Familia, amigos, oración, reflexión, invitación… son algunos de los aspectos que el autor subraya en sus líneas.

Quien escucha sus canciones, lee sus poesías o hace suyas sus reflexiones, puede encontrar una nueva visión de la vida, del amor, de Dios.

De eso trata el contenido de este libro. La historia personal de alguien que día a día intenta seguir el camino hacia la santidad, expresada en cantos, oraciones y reflexiones.

Este es el compendio del esfuerzo por responder al llamado personal hecho por Dios para ser apóstol suyo, mediante el canto y la música. Es una respuesta que te incluye, me incluye y continuará invitando a quien esté dispuesto a escuchar un mensaje claro y consistente acerca de llevar a cabo una gran tarea: Evangelizar en todo tiempo y en todo lugar.

Francisco Javier se ha dispuesto como instrumento para que Dios actúe a través de los dones que Él mismo le ha otorgado. Entusiasta, perseverante, siempre optimista, franco y sencillo, hoy nos comparte sus experiencias más profundas, con el ánimo de seguir cumpliendo ese llamado que su corazón jamás dejará de escuchar.

"Para hoy, Señor, dame ganas de servir y no esperar que alguien más lo haga por mí" (Fco. Javier Velázquez C.)

Erika G. Hurtado Flores

INTRODUCCIÓN

¿Por qué o para qué este libro?

- Para que nuestra obsesión sea: que Cristo sea conocido, amado y servido; aún a costa de nuestra reputación, puesto, posición, etc.
- Para conocer a Cristo, que es nuestro gozo...
- Para reconocer que seguir a Cristo, es nuestra gracia...
- Para transmitir este tesoro, que es nuestro encargo...
- Es porque dice la palabra:
- "¡Aleluya! Alaben al Señor, porque es bueno cantarle. Cántenle a nuestro Dios, porque agrada y conviene el alabarlo." **Salmo 147, 1**
- "El sana a los corazones destrozados y venda sus heridas." **Salmo 147, 3**
- "Un corazón alegre, prepara la sanación; un espíritu deprimido, seca los huesos". **Proverbios 17, 22**
- "Hay crisol para la plata y horno para el oro, pero Yahvé es el que prueba los corazones" **Proverbios 17, 3**
- "Pues del corazón del hombre, salen las malas intenciones: inmoralidad sexual, robos, asesinatos, infidelidad matrimonial, codicia, maldad, vida viciosa, envidia, injuria, orgullo y falta de sentido moral. Todas estas maldades salen de dentro y hacen impuro al hombre". **Marcos 7, 21-23**
- "Crea en mí, Oh Dios, un corazón puro; un espíritu firme, pon en mí". "Un corazón quebrantado y humillado, Tú no lo desprecias". **Salmo 51, 12 Y 19**
- "Les daré un corazón nuevo y pondré dentro de ustedes un espíritu nuevo. Les quitaré del cuerpo, el corazón de piedra y les pondré un corazón de carne. Infundiré mi Espíritu en ustedes, para que vivan según mis mandatos y respeten mis órdenes" **Ezequiel 36, 26-27**

- "Libérense de todos los pecados que han cometido en contra mía y fórmense **UN NUEVO CORAZÓN Y UN ESPÍRITU NUEVO".** **Ezequiel 18, 31**
- "Prolonga tu misericordia con los que te reconocen, tu justicia con los rectos de corazón". **Salmo 35**
- "Dichosos los limpios de corazón, porque ellos verán a Dios". **Mateo 5, 8**
- Es para recordarte que: ¡Dios, siempre cumple sus promesas! ¡Nunca te arrepentirás de entregarle tu corazón a Dios!

Dios mío: te alabo, te bendigo y te doy gracias, por la oportunidad que me das de servirte, con los dones que me has regalado.

¡A ti, el poder, el honor y la gloria, por siempre! Amén

CAPITULO I

UN NUEVO AMANECER.

REFLEXIÓN.- ¿Qué nos pasará hoy, qué nos espera? ¡Lo que Dios quiera! Leer: **Mateo 6, 25-34 y Romanos 8, 28**

Hermano en Cristo:

Lo primero que debemos hacer, al iniciar el día; es darle gracias a Dios, por otra oportunidad que nos da, de estar vivos; pues no sabemos ni el día, ni la hora en que nos llame y tengamos que "rendir cuentas" de todo lo que hicimos o dejamos de hacer con nuestras vidas. Leer: **Mateo 7, 12-14**

Te sugiero a ti, hermano (a), que al despertar, hagas tu oración personal; invocando a Dios Padre, Hijo y Espíritu Santo; a nuestra Madre María, a San Miguel Arcángel, tu ángel custodio y al santo del día o el santo de tu devoción.

En este libro te presento algunos "modelos" de oraciones, que espero y te ayuden a hacer tus propias oraciones. **Lo más importante es: El anhelo profundo del Espíritu de Dios en Ti; que Dios sane tu corazón... Que creas que El lo puede hacer y estés dispuesto a aceptar su Divina voluntad.**

Leer: Romanos **8, 26-27 Lucas 11, 1-13**

Deseo sinceramente que Dios nuestro Señor, te bendiga en abundancia en todas tus actividades, a partir de éste y todos los días de tu vida. Que te dé mucha sabiduría para saber vivir, discernir y enfrentar las adversidades; y que tengas: Amor, paz interior, salud, alegría, y un trabajo digno y honesto, que te dé lo suficiente para vivir dignamente, tú y tu familia.

Que todo lo que pienses, digas o hagas, sea en el nombre de Dios y para gloria suya, para que cada día de tu existencia, seas mejor hijo suyo.

Oraciones de la mañana:

Agradecimiento y purificación.

"Por la señal de la Santa cruz, de nuestros enemigos, líbranos Señor, Dios nuestro. En el nombre del Padre, del Hijo y del Espíritu Santo. Amén"

Gracias te doy, gran Señor y alabo tu gran poder, pues con el alma y el cuerpo, me has dejado amanecer. Y te pido por tu caridad y amor, me dejes anochecer…en tu gracia y en tu servicio, sin ofenderte. Amén.

GRACIAS PADRE: Por el don de la vida…Por permitirme de nuevo, contemplar las maravillas de tu creación y por darme la oportunidad de alabarte, bendecirte y darte gracias, por todos los favores recibidos y no conocidos. Por el alimento, techo y vestido. Por tu gran amor y tu misericordia, por tantas veces que te he ofendido. Y por darme la salvación en tu Hijo Jesús. **JESUS:** Cúbreme con tu Sangre Preciosa. Derrama tu Sangre Preciosa en cada rincón de este lugar; saca de aquí, todo lo que no sea tuyo, lo que no es de tu agrado.

JESÚS: Te entrego mi mente; entendimiento, voluntad y memoria, para creer, aceptar, hacer y recordar tu Divina voluntad. Purifica mis pensamientos e intenciones, para que sean una alabanza para Ti.

JESÚS: Te entrego mis ojos; que tus pupilas se reflejen en mis pupilas, que te vea a Ti, en cada uno de mis hermanos y que ellos vean en mí, un poquito de Ti Purifica mis miradas, para que toda mujer u hombre que cruce por mi camino, los vea con ojos de misericordia, bondad y ternura; como Tú nos miras.

JESÚS: Te entrego mi boca; dame sabiduría, para que mis palabras sirvan para edificar, no para destruir. Purifica mis palabras y no permitas que salgan ofensas, mentiras o calumnias de mi boca. Dame palabras de profeta y oídos de discípulo.

JESÚS: Te entrego mi corazón; tómalo en tus Santísimas manos y moldéalo como Tú lo quieres. Dame un corazón grande, para amar, perdonar y confiar. Con una gota de tu Sangre Preciosa, lávalo, purifícalo y transfórmalo. Haz tu morada en él, junto con el Padre, el Espíritu Santo, nuestra madre la Santísima Virgen María y nuestro padre San José. Amén.
¡VEN ESPÍRITU SANTO! Envía desde el cielo, un rayo de tu luz. Ven Padre de los pobres, dador de los dones y luz de los corazones. Consolador de los afligidos, dulce huésped del alma, suave alivio, descanso en la fatiga, brisa en el ardiente estío, consuelo en el llanto. Oh luz santísima; llena lo más íntimo de los corazones de tus fieles. Sin tu ayuda, nada hay en el hombre, nada que sea bueno. Lava lo que está sucio, riega lo que está seco, sana lo que está enfermo, calienta lo que está frío, doblega lo que está rígido, endereza lo que está desviado. Concede a tus fieles que en Ti confían, tus siete sagrados dones. Dales el premio de la virtud, dales el puerto de la salvación, dales la felicidad eterna. ¡Amén! ¡Aleluya!

¡OH ESPÍRITU SANTO! Recibe la consagración perfecta y absoluta de todo mí ser. Dígnate ser en adelante, en cada uno de los instantes de mi vida y en cada una de mis acciones; mi director, mi luz, mi guía, mi fuerza y todo el amor de mi corazón. Yo me abandono sin reserva, a tus operaciones divinas y quiero ser siempre dócil a tus santas inspiraciones.

¡OH ESPÍRITU SANTO! Dígnate formarme con María y en María, según el modelo de nuestro Divino Jesús, para la gloria del Padre y la salvación del mundo. ¡Amén!

¡OH SEÑORA MÍA Y MADRE MÍA! Yo me ofrezco enteramente a Ti. Y en prueba de mi filial afecto, te consagro en este día: mis ojos, mis oídos, mi lengua y mi corazón; en una palabra, todo mi ser. Ya que soy todo tuyo, **¡OH MADRE DE BONDAD!** Guárdame y defiéndeme, como cosa y posesión tuya. Amén

San Miguel Arcángel: Defiéndenos en la lucha. Sé nuestro amparo contra la perversidad y asechanzas del demonio. Y tú, príncipe de la milicia celestial, con el poder que Dios te ha conferido, arroja al infierno a satanás y a los demás espíritus malignos, que vagan por el mundo, para la perdición de las almas. Amén.

CANTOS:

UN NUEVO CORAZÓN.

(Letra y música de Francisco Javier Velázquez Cárdenas)

Señor, gracias te doy por el día que comienza y por esta oportunidad de alabarte y pedirte perdón.

DAME TU GRACIA, SEÑOR, DAME TU AMOR; DAME TU PAZ Y TU LUZ Y UN NUEVO CORAZÓN.

"Señor, te ofrezco hoy: mi trabajo y mi vida. Y con mi fe, esperanza y amor; cumplir tu voluntad ¡Oh Señor!"

DAME...

Señor, sabes quién soy, lo que tengo y necesito. Mi futuro en tus manos está. ¿Qué más puedo pedirte mi Dios?

DAME...

PARA HOY, SEÑOR.

(Letra y música de Francisco Javier Velázquez Cárdenas)

Para hoy, Señor; dame ganas de vivir. Aprender a amar, comprender y no juzgar. Para hoy, Señor; dame ganas de servir y no esperar que alguien más, lo haga por mí.

Para hoy, Señor; dame ganas de actuar, para hacer como Tú, el bien a los demás. Para hoy, Señor; dame ganas de luchar y trabajar con esmero y lealtad.

Para hoy, Señor; dame ganas de orar, imitarte a Ti y aprender a perdonar. Quiero hoy, Señor; descubrir y alcanzar mi ideal, saber vivir y aceptar tu voluntad.

GRACIAS SEÑOR, POR TU AMOR

(Letra y música de Francisco Javier Velázquez Cárdenas)

GRACIAS SEÑOR, GRACIAS SEÑOR, POR LA VIDA QUE ME DAS, POR TU AMOR; PORQUE EN CADA AMANECER, BRILLA UN NUEVO SOL Y ME INVITAS CADA DÍA A SER MEJOR.

Dios te ama hoy, escucha su voz. Déjalo entrar a tu corazón. El perdonará lo que hiciste mal, si tú te arrepientes de verdad.

Hermano ven conmigo, nos dará un nuevo ser, no seremos defraudados por confiar en El. Olvida lo pasado, el Señor lo borrará, con su preciosa sangre, te limpiará.

GRACIAS SEÑOR...

Jesús es mi Señor y lo proclamaré, siguiendo sus caminos lo bendeciré. El nos prometió su Santo Espíritu; por su grande amor, lo recibiré.

Regala muchos dones, para edificar a todos los hermanos en comunidad. Formamos todos juntos, el cuerpo del Señor, unidos por su Espíritu de amor.

GRACIAS SEÑOR, POR TU AMOR.

CAPITULO II

TIEMPO DE CONVERSIÓN

Convertirse…Es volver a Dios, después de haberse alejado de Él. Es un cambio que se produce primeramente en el corazón, es decir, en lo más íntimo del "Yo" del ser humano y después viene también un cambio de mentalidad y actitud.

En realidad, Dios es el que convierte al hombre, al amarlo, atraerlo e infundirle su Espíritu, transformándolo en un ser nuevo. Dios es el que perdona y restaura…"Yo les quitaré el corazón de piedra y les daré un corazón de carne".

"Dejen que su mente se haga más espiritual, para que tengan nueva vida y revístanse del hombre nuevo". **Efesios 4, 22-24**

La conversión también es una invitación de nuestro creador, para estar sanos de mente y espíritu y alcanzar la santidad.

Así como nos tomamos o nos untamos una medicina amarga, desabrida o de mal olor, para sanar una enfermedad corporal; la conversión, implica a veces, un pequeño sacrificio, para dejar de hacer cosas que nos hacen daño a nosotros mismos y a nuestro prójimo; como la familia, vecinos, compañeros de estudio, trabajo, etc.

Es tiempo de conversión, como lo decía **San Juan Pablo II:**

"La esperanza del hombre y del mundo contemporáneo, la perspectiva de un futuro mejor, dependen de las muchas conversiones humanas, que son capaces de transformar no solo la vida personal del hombre, sino la vida de los ambientes y de la sociedad entera"

Hermano, tienes 2 opciones en tu vida:

DIOS: Que es Padre de la bondad y de la verdad y te da: Animo sereno + Paz + Gozo +Mansedumbre = AMOR Y LUZ, que te guían para hacer el bien y merecer la salvación.

DEMONIO: Que es un instrumento de la maldad y de la mentira y te da: Animo turbado + inquietud +enojo + precipitación = ODIO Y OSCURIDAD, que te llevan a obrar el mal y condenarte a la perdición.

Pidámosle a Dios, el don del discernimiento, para no caer en el engaño del enemigo y saber escoger el camino correcto, que lleva a la vida eterna.

Fijemos pues, con atención, nuestra mirada en la Sangre de Cristo y reconozcamos cuán preciosa ha sido a los ojos de Dios, su Padre, pues derramada por nuestra salvación, alcanzó la gracia de la penitencia para todo el mundo.

De la penitencia hablaron, inspirados por el Espíritu Santo, los que fueron ministros de la Gracia de Dios. Y el mismo Señor de todas las cosas habló también con juramento de la penitencia, diciendo: "Vivo Yo, que no me complazco en la muerte del pecador, sino en que se convierta" (**Ezequiel 18, 23**), añadiendo aquella hermosa sentencia: "Arrepiéntanse, casa de Israel, de su maldad; di a los hijos de mi pueblo: Aún cuando sus pecados alcanzaren de la tierra al cielo y fueren más rojos que la escarlata y más negros que un manto de piel de cabra; si se convirtieran a Mí con toda su alma y me dijeran "Padre", Yo los escucharé como a un pueblo Santo" (**Isaías. 1, 18-19**)

Queriendo pues el Señor, que todos los que El ama, tengan parte en la penitencia, lo confirmó así con su omnipotente voluntad. Obedezcamos, por tanto, a su magnífico y glorioso designio, e implorando con súplicas su misericordia y bondad, recurramos a su misericordia y convirtámonos, dejando a un lado las obras vacías, las contiendas y la envidia que conduce a la muerte. Hermanos, seamos pues, humildes y dejemos toda vanidad, ostentación, insensatez y arrebatos de ira y cumplamos lo que está escrito, pues lo dice el Espíritu Santo: "No se gloríe el sabio de su sabiduría, no se gloríe el fuerte de su fortaleza, no se gloríe el rico de su riqueza, sino el que se gloría, gloríese en el Señor, para buscarle a El y practicar el derecho y la justicia"; especialmente si tenemos presentes las palabras del Señor Jesús, aquellas que dijo, enseñando la benignidad y resignación: **"Sean misericordiosos, como el Padre de ustedes es Misericordioso. No juzguen y no serán juzgados; no condenen y no serán condenados; perdonen y serán perdonados, Den y se les dará." Lucas 6, 36-38**

Oración para pedir la gracia de la conversión:

Señor Jesús, Tú eres Dios y has querido ser mi Salvador. Mira mi interior, donde hay tanto egoísmo, odio, indiferencia, impaciencia y desconfianza. Tú buen Jesús, regálame HOY, un sincero y profundo dolor de haber pecado, de haberte ofendido. Quiero ser distinto y mejor, pero me cuesta mucho. Ayúdame con tu poder y no me niegues tu gracia. Reconozco que he dañado con mis palabras, con mis acciones, con mi falta de amabilidad. Pero estoy arrepentido y deseoso de ver con bondad, de hablar con la verdad y de tratar a todos con amabilidad. Ayúdame a ver a todos, con ojos comprensivos. Líbrame de condenar a los demás, apártame de la envidia, la ambición y la calumnia.

Quiero, viéndote crucificado por mí, ser un hombre nuevo, con el firme propósito de recibir los Sacramentos y practicar los mandamientos. Concédeme amarte mucho y siempre, siendo fiel a la Santa Iglesia.

Cristo Jesús, por la oración de tu Madre Santísima, la Virgen María, San José y los Santos mártires mexicanos, otórgame un vivo deseo de no pecar más. Amén.

Oración por la conversión de los pecadores:

Queremos pedirte, Señor Jesús:

Por la sanación física, mental y espiritual de todos los pecadores: Asesinos, secuestradores, violadores, narcotraficantes, asaltantes, pederastas, políticos corruptos, artistas escandalosos, adúlteros, prostitutas, drogadictos, alcohólicos, homosexuales y los que hacen, compran, venden o transmiten pornografía... que te ofenden con sus actos y que dañan al prójimo, así como a ellos mismos.

SANA HOY, sus mentes enfermas y transforma sus corazones de piedra, en corazones de carne. LLÉNALOS DE TU SANTO ESPÍRITU, para que sean hombres y mujeres, dirigidos por tu Santa Voluntad.

Cúbrenos con el PODER DE TU SANGRE PRECIOSA, para que limpie nuestro ser, de toda inmundicia.

Por el PODER DE TU SANTA CRUZ: Libéranos y sálvanos del mal.

Por el PODER DE TUS SANTAS LLAGAS: Sánanos y purifícanos de toda enfermedad física, mental o espiritual.

Por el PODER DE TU AMOR MISERICORDIOSO: Conviértenos y santifícanos, para estar contigo por toda la eternidad.

Confiamos, esperamos y aceptamos tu Divina Voluntad. Amén.

Francisco Javier Velázquez Cárdenas

CANTOS:
¡MISERICORDIA, SEÑOR!

(Letra y música de Francisco Javier Velázquez Cárdenas)

Misericordia pido a Ti, Señor; porque soy un gran pecador... Sáname, libérame, cambia mi corazón.

Mira Señor, mi debilidad; auxíliame, fortaléceme.

Maravilloso eres Tú, Señor...Gloria doy a tu Santo Nombre. Te alabo, te bendigo. Gracias te doy, mi Dios.

Toma Señor mi vida, hoy; transfórmame y bendíceme.

LA ENTREGA

**(Letra de Francisco Javier Velázquez
Cárdenas.** Melodía de Melody Fair**)**

Quiero Señor, entregarte hoy: Todo lo que tengo y soy. Cambia mi vida y mi corazón, sáname, que enfermo, estoy.

Mira Señor esta enfermedad (Y sana mi alma) y dame fuerzas para soportar este dolor, que llevo en mi corazón. Quiero Señor, sentir tu amor y perdón.

Siento Señor, ofenderte más; no quiero volver a pecar. Limpia mi mente y mi corazón, guíame y dame tu paz.

Mírame Dios, en mi soledad. (Y sana mi alma) Ayúdame a conocer la verdad; dame tu luz y quita mi oscuridad; toma Señor, mi vida te quiero entregar.

Quiero Señor, entregarte hoy: Todo lo que tengo y soy.

JESUS VIENE A TI

(Letra y música de Francisco Javier Velázquez Cárdenas)

A ti, que en el mundo de la droga, estás; ¡Jesús te viene a liberar! Entrégale ya, tu mente… Y con su Espíritu renacerás.

A ti, que en alcohol te quisiste ahogar; ¡Jesús te viene a rescatar! Entrégale ya, tu sed… Y por su Sangre te salvarás.

EL SANA, EL SALVA Y TE AMA; ¡ESA ES LA VERDAD! TE VIENE A DAR VIDA Y TE INVITA A LA SANTIDAD. (2)

A ti, mi hermano, que en guerra estás; ¡Jesús te viene a dar su paz! Entrégale ya, tu odio… Y en su santa cruz, se destruirá.

A ti, que abusaste de tu libertad; ¡Jesús te viene a perdonar! Entrégale ya tu vida… Y por sus llagas, te sanará.

EL SANA….

CUANDO VAGABA

(**Letra de Francisco Javier Velázquez Cárdenas**. Melodía de "La sirenita")

Cuando vagaba por la vida, sin sentido; alguien me dijo que Jesús estaba vivo. Yo no creía, pues vivía en el pecado; pero El tocó mi corazón y me ha sanado.

Tenía más de quince años y no hallaba mi lugar. Los vicios me hacían daño, la vida me quería quitar.

JESUCRISTO ES EL CAMINO, LA VERDAD, TAMBIÉN LA VIDA. EL TRANSFORMA TU DESTINO, TU ANSIEDAD Y COBARDÍA.

JESUCRISTO ES TU AMIGO Y TAMBIÉN UN GRAN HERMANO. EL ESTA SIEMPRE CONTIGO Y TE LLEVA DE SU MANO.

Cuando vagaba por la vida, sin sentido; Jesús me habló e hizo sentir que soy querido. Yo no creía que El me ama y perdona; ahora soy libre y también, nueva persona.

Estaba sucio en el fango y con su Sangre me limpió; estaba enfermo en cuerpo y alma y por sus llagas, me sanó.

JESUCRISTO ES EL CAMINO…

¡LEVÁNTATE!

(**Letra y música de Francisco Javier Velázquez Cárdenas**)

LEVÁNTATE HERMANO Y NO TE DEJES VENCER, PUES CRISTO ES NUESTRA FUERZA Y VENCERÁS CON EL. LEVÁNTATE HERMANO, CONFÍA EN EL SEÑOR; EL NUNCA TE ABANDONA Y TE DA SU PERDÓN.

Si no encuentras la alegría y el vivir en paz, busca primero a Dios y deja lo demás. Si caes tres o cinco veces, vuélvete a levantar; déjate amar por Cristo y El te ayudará.

LEVÁNTATE...

El Señor te está esperando, no vaciles más. Entrégale tu vida, que El te librará. Si en pecado está tu alma y muerto ya estás... ¡Jesús te está llamando! ¡Levántate ya!

GRACIAS TE DOY

(Letra y música de Francisco Javier Velázquez Cárdenas)

Siento Señor, una gran paz; porque me das tu perdón. Siento Señor, que estás aquí y no me abandonarás.

GRACIAS TE DOY SEÑOR, PORQUE AHORA LIBRE SOY. GRACIAS TE DOY MI DIOS, POR TU AMOR.

He puesto mi confianza en Ti, no quiero volver atrás. Pues hoy, que ya te conocí, mi vida transformarás.

GRACIAS TE DOY SEÑOR...

Quiero aceptar tu voluntad, abre mis ojos, Señor. Toma Jesús mi corazón; pues como Tú, quiero amar.

GRACIAS TE DOY...

CAPITULO III

EL "MARTIRMONIO" ES DE 2, EL MATRIMONIO ES DE 3.

Dijo Yahvé: "**No es bueno que el hombre esté solo**. **Haré pues, un ser semejante a él, para que lo ayude**". **Génesis. 2, 18**. Entonces Yahvé hizo caer en un profundo sueño al hombre y éste se durmió. Y le sacó una de sus costillas, tapando el hueco con carne. De la costilla que Yahvé había sacado al hombre, formó una mujer y la llevó ante el hombre. Entonces el hombre exclamó: Esta sí que es hueso de mis huesos y carne de mi carne. Esta será llamada varona, porque del varón ha sido tomada. Por eso el hombre deja a sus padres para unirse a una mujer y formar con ella un solo ser. **Génesis. 2, 21-24**

El matrimonio es, para la inmensa mayoría de los hombres, el medio providencial, el sacramento que les permite prepararse para el encuentro definitivo con Dios. Los años de vida en común, los esfuerzos para escuchar y comprender al otro y para tomar juntos todas las decisiones, la capacidad de perdonarse, la firmeza en una fidelidad total del uno al otro, son los medios que transforman la creatura humana, frágil y poco responsable y la hacen madurar.

Cómo me hubiera gustado aprender estas enseñanzas desde mi juventud, para haberlas asimilado a la hora de contraer matrimonio.

Como decía el apóstol San Pablo: Examínenlo todo y quédense con lo bueno. Por eso, ahora les comparto algunos puntos de vista muy interesantes, que serán de mucho provecho para todos nosotros:

ATRIBUTOS DEL AMOR INCONDICIONAL.

1) "Renunciar a querer tener siempre razón".

Es la única inagotable fuente de problemas y de ruptura de relaciones: la necesidad de decirle al otro que se ha equivocado, de demostrar al otro que no sabe lo que dice, de imponerse como superior. Una pareja sana, es una relación entre iguales: ninguno de los dos ha de sentirse equivocado. No existe un modo "acertado" o un argumento "vencedor"; cada uno tiene derecho a tener su punto de vista. Antes de negarle la razón al otro, hemos de poder detenernos a hablar con nosotros mismos y decirnos simplemente: "Sé lo que pienso sobre este tema y sé que su opinión no coincide con la mía, pero no importa. Basta que yo lo sepa dentro de mí, no es necesario quitarle la razón".

2) "Dejar espacio a los demás".

Cuando amamos a alguien por lo que es y no por cómo pensamos que debería ser, o porque nos satisface, surge espontáneo, dejarle espacio. La actitud afectiva adecuada, es permitir a cada uno, ser él mismo. Y si eso comporta algún tiempo de alejamiento entre nosotros, entonces no sólo hay que aceptar la separación, sino facilitarla afectuosamente. Las relaciones demasiado estrechas, destrozadas por los celos o la aprensión, son típicas de quien piensa tener derecho a imponer a los demás de cómo deberían comportarse.

3) "Borrar la idea de posesión".

Tratemos de gozar el uno del otro. Todos nosotros tenemos en la vida, una misión que cumplir, que resulta obstaculizada cada vez que otro ser humano intenta entrometerse. Querer poseer a los demás, es, sin duda, el obstáculo mayor en la toma de conciencia de la propia misión.

4) "Saber que no es necesario comprender".

No tenernos obligación de comprender por qué otro actúa o piensa de una manera determinada. Estar dispuestos a decir: "No entiendo, pero es igual" es la máxima comprensión que podemos ofrecer. En la pareja hay que superar la necesidad de entender por qué al otro le gustan determinados programas de televisión, por qué se acuesta a cierta hora, por qué come lo que come, lee lo que lee, se divierte con ciertas personas, le gustan determinadas películas o cualquier otra cosa. Recordemos que dos están juntos, no para entenderse, sino para **ofrecerse ayuda mutua y realizar su misión de mejorar.** Y una grandísima aportación a todo esto es el llamado "arte de la conversación", un arte que tiene 5 reglas: **sintonizar el canal del otro; mostrar que estamos escuchando; no interrumpir; preguntar con perspicacia; tener diplomacia y tacto.**

De estas reglas, me parece importante la escucha, porque las parejas en crisis, no saben escuchar. Todos, quizás hemos hecho alguna o varias veces, la experiencia bonita y liberadora de estar en presencia de una persona tranquila, que nos deja ser lo que somos; en una palabra, que se hace "uno" con nosotros. Pues bien, ésta es una persona que nos escucha. Si en cambio, alguien empieza a juzgarnos o a darnos consejos, hay menos espacio para que surja algo verdadero e importante, quizás nuevo. En la pareja, que cada uno recuerde que la escucha debe ser pura, limpia, sin estar pensando qué va a decir después.

Otras actitudes equivocadas en la pareja son las pretensiones. Por ejemplo, pretender que el otro tenga que amar a los padres y a la familia de uno. Digamos que me podría agradar que el otro trate a mi familia con respeto, pero no tiene que amarla obligatoriamente. O bien, pensar que tendría que saber lo que necesitas. Es lo que yo llamo "pretensiones de telepatía"; por lo que quizás es útil declarar nuestros deseos de manera abierta y clara.

Otra idea: Es un error pensar que pedir disculpas lo borra todo. Porque la disculpa son palabras, mientras que son más importantes las acciones correctivas.

Para concluir, los signos del verdadero amor matrimonial son:

Aceptarse mutuamente como somos; el deseo de hacer lo que al otro le agrada; el estar dispuestos a allanar las diferencias conforme afloran; la conciencia de que se ha de construir la unidad matrimonial y no el orgullo personal y las propias razones; el esfuerzo de pensar en términos de "NOSOTROS" y no de "Yo"; la sensación de ser dos compañeros que trabajan juntos por la misma causa; la constante tensión hacia un estilo de vida que ya no es mi estilo o el tuyo, sino el de ambos, y que tiene sus raíces en un amor sobrenatural.

Artículo extraído de la revista ID. (Misioneras de Guadalupe).

Entonces **¿Qué es el sacramento del matrimonio?**

Para algunos, no es más que un convenio social, para otros es un estado en el que ambos comparten totalmente su vida, su persona y su destino. Pero para el cristiano, **el matrimonio es mucho más…**

"Es ante todo, un camino de santidad; es decir, un camino hacia Dios, fundamentado en el amor humano y en la procreación de los hijos que Dios quiera regalar. Camino de santidad, sí, porque dentro de él, se vive para amar, sin egoísmos, sin intereses personales, sin mezquindades". Camino de santidad, porque es camino de renuncia y de sacrificio, ya que no hay amor posible sin ellos. Camino de santidad, porque permite vivir heroicamente la caridad, virtud reina del cristianismo, tanto en las relaciones entre los esposos, como en las relaciones con los hijos.

APRECIEN Y AMEN SU MATRIMONIO.

Si estudiamos un poco las causas de los problemas matrimoniales que sacuden a tantas familias, veremos que el desconocimiento del valor de la persona humana, la falta de un diálogo profundo, el no saber perdonar, el no tener tiempo para convivir y el ambiente de inmoralidad reinante, resquebrajan trágicamente la vida matrimonial.

Cuando se deja de apreciar, valorar y querer a la persona que Dios le dio; cuando uno se hace ciego ante las inmensas riquezas espirituales y humanas que tiene el cónyuge; cuando se desconoce o se olvida el por qué se enamoró uno del que después sería "carne de su carne", poco a poco se entra en un terreno de tierra movediza y se hunde la estabilidad matrimonial.

Mucha gente, ha experimentado esta situación dramática, que casi siempre ocurre por descuido y desidia; se encuentra el día menos pensado con un vacío grande… "Desapareció el ser amado", se rompió la vinculación afectiva. No se dieron cuenta de que al no cultivar el jardín, al no cuidar las plantas de la ternura, la escucha, el respeto, el dedicar tiempo al encuentro personal; todo esto produjo un enfrentamiento y un triste alejamiento de ambos. Todo ocurre gradualmente y el día menos pensado, se levantan por la mañana y se dan cuenta de que "se les murió el amor"; que ya nada los une. Se fueron alejando y fabricando un mundo de indiferencia, creyendo que el amor conyugal se mantenía, simplemente porque hubo un tiempo en que sí se amaron intensamente. El descuido en este campo, produce un ambiente peligroso. Ya no hay resonancia en las palabras, en los suspiros, en los anhelos… un frío interno ha congelado sus almas. Al final, dos extraños viviendo juntos.

Todo esto nos anuncia un drama. El divorcio, la soledad, los hijos sin papá y mamá, o la vida en casa, pero llena de tensiones, peleas, gritos… "un infierno". Para que esto no ocurra en su caso, les decimos: **APRECIEN Y AMEN SU MATRIMONIO**.

Comiencen a sembrar una manera nueva de amarse y convivir como en sus mejores tiempos. ¡Vamos! A dialogar más, a estar más tiempo juntos, a escucharse más. Aplique el gran remedio de la ternura y la comprensión. Empiecen a olvidar los malos momentos del pasado; a perdonar y a querer más a su cónyuge; a valorar más las virtudes y cualidades que tiene; a no desperdiciar momentos para estar más cerca de su ser amado y convivir con él; a participar de sus sufrimientos e ideales, de sus preocupaciones y triunfos, de sus alegrías y de sus tristezas; a reír o llorar juntos, a vivir en verdad, siendo una sola carne.

Aprecien y amen su matrimonio. Juntos arrodíllense, oren al Señor, las manos juntas, e imploren al Señor, que entre en sus vidas, que sea Él, quien conduzca su matrimonio, quien los mantenga unidos hasta el final. ¡Hasta que la muerte los separe! Y no se olviden, con DIOS, todo esto se puede, porque ¡CON ÉL, USTEDES SON INVENCIBLES! Por esta sencilla razón, el MATRIMONIO ES DE 3...

Un hombre y una mujer + DIOS EN SUS CORAZONES.

Monseñor Rómulo Emiliani

ORACIÓN POR LOS MATRIMONIOS.

Señor y Dios nuestro, que desde el inicio de la creación, has querido que el hombre deje a su padre y a su madre para unirse a su mujer y lleguen a ser los dos, uno solo; concédenos valorar y promover el Sacramento del Matrimonio, según tus designios.

Ayúdanos a confirmar la conciencia de que sólo existe verdadero y legítimo matrimonio, en la unión de un hombre con una mujer.

Concede a quienes aspiran al Sacramento del Matrimonio y a los esposos, la gracia de descubrir y vivir el amor que reconoce su unión.

Queremos que los jóvenes de nuestras familias, descubran en el Sacramento del Matrimonio, el origen de una auténtica familia cristiana.

Danos la gracia de concebir el Matrimonio, como una alianza indisoluble y de esforzarnos para que así lo sea.

Concede en fin, Señor, a quienes te responden desde la vocación matrimonial, valorar y mantenerse fieles a tus proyectos, viviendo con plenitud y con formalidad, su alianza como esposos, a fin de que logremos la consolidación de tu Iglesia y la edificación de tu Reino. Amén.

Para los que van a contraer Matrimonio:

"De manera que ya no son dos, sino uno solo. Pues bien, lo que Dios ha unido, el hombre no debe separarlo". **Mateo 19, 6**

El Matrimonio ideal: MUJER Y HOMBRE + DIOS EN SUS CORAZONES.

_____Y_____

Que Dios bendiga su nuevo hogar y esté siempre con ustedes, para:

Darles **paciencia y tolerancia** a cada uno, por sus defectos.

Darles **fortaleza y sabiduría**, para superar sus debilidades, afrontar sus diferencias y saber perdonarse.

Darles **fe y esperanza**, para confiar uno del otro, a pesar de las adversidades.

Darles **humildad y sencillez**, para que no se humillen entre ustedes mismos.

Pero sobre todo:

Darles el **AMOR** suficiente, para hacer la voluntad de Dios en sus vidas y que se refleje en los hijos que Él les confíe.

"Que cada uno sepa buscarse una esposa, con la cual vivirá en la santidad y el respeto" **1ª Tesalonicenses 4, 4**

Dice San Agustín:

AMA Y HAZ LO QUE QUIERAS...

Si callas, callarás por amor. Si gritas, gritarás por amor. Si corriges, corregirás por amor. Si perdonas, perdonarás por amor.

Si tienes el amor arraigado en ti, ninguna otra cosa, sino amor, serán tus frutos.

Parroquia: _____Lugar _____Fecha _____

Oración de sanación por los esposos:

Dios Padre de amor, te pido en el nombre de tu amadísimo Hijo Jesucristo, que envíes la luz de tu Santo Espíritu, para que ilumine esta oración y nuestro hogar, en estos momentos de oscuridad y tibieza.

Oh Padre, Tú que creaste al hombre para que viviera en pareja y pudiera poblar la faz de la tierra, te pido que le des sentido a nuestro matrimonio, porque en estos momentos, pareciera que no nos entendemos y que nuestro amor se ha debilitado.

Te pido por tu infinita misericordia, que pases con tu preciosa mano, sanando las heridas de nuestro corazón. Tú que nos invitas a que perdonemos a nuestro prójimo, ayúdame a perdonar las heridas que hay en mi corazón, por causa de mi pareja.

Dame un nuevo entendimiento, para poder ver a mi esposo (a) con tus ojos, amarlo (a) con tu corazón y a perdonarlo (a) con tu misericordia.

Hoy reconozco delante de Ti, que yo mismo (a) me he comportado mal y que tal vez, he hecho o dicho a mi pareja, cosas que a mí no me gustaría que me hicieran o dijeran.

Hoy decido morir a mi orgullo y a mi soberbia y decido pedir perdón y perdonar a pesar de este dolor que siente mi corazón.

Hoy decido perdonar las ofensas sexuales, como la frialdad, los abusos, las desviaciones y todo aquello que no sabíamos con certeza que no te agradaba.

Hoy decido perdonar las palabras soeces, los gritos, las indirectas, las puyas y toda palabra que ha herido mi corazón, y delante de Ti, pido perdón por todas las ofensas que han salido de mis labios.

Hoy decido perdonar en tu Santo Nombre, las flaquezas de infidelidad de mi pareja, sus vicios y todo acto que me haya producido una herida y pido perdón por mis propias debilidades.

Hoy decido perdonar toda ofensa contra mi familia materna y pido perdón si he ofendido a la familia de mi pareja.

Hoy te entrego los pensamientos de separación que he tenido, porque con ellos te he ofendido a Ti y he puesto en riesgo a mis hijos y mi familia.

Oh Jesús, Tú que eres el Camino, la Verdad y la Vida, ayúdanos a encaminarnos hacia tus sendas, a conocer la verdad y a tener la vida que te agrada.

Tú que dijiste: "Yo he venido para que tengan vida y vida en abundancia", danos de esa vida que necesita nuestro hogar, porque a veces parece que fuera el reino de la muerte.

Hoy te consagramos nuestros hijos, nuestra economía, nuestra salud, nuestra sexualidad y todo cuanto hacemos, para que en cada acto, mostremos tu gloria, por los siglos de los siglos, amén.

Tomada del libro: "Matrimonio, no martirio" del autor: Juan Alberto Echeverry N. /www.cristovivehoy.org

CANTOS:

HIMNO BILLINGS

(Letra y música: Francisco Javier Velázquez Cárdenas)

QUEREMOS QUE TRIUNFE EL AMOR,

AYUDANDO A DAR VIDA, SIN TEMOR.

CON BILLINGS VIVIREMOS, CONFORME AL PLAN DE DIOS.

PLANIFICAR CON DIOS, NUESTRO CREADOR.

Confiemos en la vida, siendo alegres;
Queriendo y respetando ¡Sí se puede!
Unamos nuestras fuerzas, en nombre del amor,
Vivamos la voluntad de Dios.

QUEREMOS...

Que dicha es ver familias tan unidas,
Con la oración, jamás serán vencidas.
Si quieren dar ejemplo de Fe y de Amor,
¡Planificar con Billings es mejor!

QUEREMOS...

Defendamos con valor la nueva vida,
Es semilla que el Amor, siempre germina.
Tendremos con nosotros la bendición de Dios,
Trabajando a favor de la creación.

QUEREMOS...

AMOR Y FE

(Letra y música de Francisco Javier Velázquez Cárdenas)

Ten Fe, que Dios todo lo ve. Nada escapa a su mirada, El sabe lo que te pasa. El te pide que des amor y no pierdas la Fe.

Ten Fe, que Dios es justo juez. El nos ama y nos perdona, por su gran misericordia. El te pide que perdones y no pierdas la Fe.

EL AMOR NO SE ACABARA Y TODO TRANSFORMARA. EL AMOR SOPORTA TODO Y TODO LO CREE.

EL AMOR ES COMPRENDER Y SERVIR Y VALORAR. CON AMOR, LA FE Y LA PAZ; EL MAL VENCERÁS.

CAPITULO IV

SER FAMILIA

La relación íntima de Jesús con sus padres terrenales, le permite definir la estatura adulta del hombre de Dios, del hombre espiritual, sometiéndose a una disciplina de familia, obedeciendo en todo a José y María. La vida del Hijo de José y María de Nazaret, es el modelo de vida de todo hijo de Dios: Inteligente, santo, obediente, inmaculado, amante del bien, amigo del hombre, firme, seguro, amoroso, comprensivo, solidario...con todas las personas de su tiempo. Jesús es el Niño y el Joven que llegó a ser el Hombre maduro, al calor de los servicios y consejos maternales y paternales de un matrimonio abierto al amor y a la vida.

Esta madurez y armonía en las relaciones familiares de la familia de Nazaret, es el fruto natural de un proceso de formación en el amor y en el servicio a los demás. Madurez humana y espiritual, que está ausente en muchas de nuestras familias actuales. El resultado más humano que puede darse de la convivencia familiar, es una gran estima por la vida, del propio "Yo" que nos lleva a reafirmar las relaciones de nuestra propia familia y de la sociedad en que se vive. La gran misión de Jesucristo, es otorgar a la familia los valores de Dios. La familia es un lugar donde las personas aprenden a vivir, a ser sociables, a construir las ciudades a partir del diálogo y del contacto personal. Esta fue la tarea misionera de la familia de Nazaret. Y ésta debe ser también nuestra tarea misionera, como familia; transformar con el esfuerzo de todos: ¡Papá, mamá e hijos! Nuestra propia familia y con nuestro testimonio, transformar la comunidad donde vivimos. Porque cuando una familia difunde amor hacia el mundo que la rodea, es una familia que está produciendo grandes beneficios, porque de ahí saldrán hijos que sabrán amar, que sabrán servir, que algún día serán buenos maestros, buenos políticos, buenos patrones, buenos trabajadores.

¡TENER UNA FAMILIA ES: LA MAS GRANDE BENDICIÓN DE DIOS¡

Para superar los conflictos en la familia

Más que buscar "técnicas" (algunas pueden ser muy útiles), hay que preguntarse: ¿Cómo está el amor en la familia? ¿Se aman los padres entre sí? ¿Aman de verdad a cada hijo? ¿Han aprendido los hijos a amar a sus padres, al ver el testimonio que reciben continuamente de ellos? ¿Se aman los hermanos entre sí, porque les han enseñado sus padres a respetarse, a perdonarse, a ayudarse, a ser de verdad hermanos?

Cierto, también el amor se puede cultivar y fomentar con "recetarios" y libros muy bien documentados; pero si falta ese corazón bueno que sabe verlo todo con ojos de bondad, las técnicas se convierten en fríos formularios que se aplican sólo mientras nos acordamos.

Al poco tiempo, el corazón que no tiene esa capacidad de perdón y comprensión, volverá otra vez a condenar a la esposa, porque no está limpia la cocina, al esposo porque está desordenada la sala, o a los hijos porque no han sacado buenas calificaciones.

Hay que APRENDER A AMAR. No sólo como "terapia", amar es el centro de la vida de todo ser humano. Si uno ama y es amado, especialmente en su casa, el mundo es distinto.

Quizás así, algún día, nuestra familia pueda sonreír de un modo nuevo y gozar de una paz que pocos han tenido, pero que todos quisiéramos tener. Depende de cada uno, poner su parte…

"Con todo y que nuestras familias tengan muchas carencias y conflictos, nuestras familias constituyen uno de los tesoros más importantes de nuestros pueblos".

"Contemplemos con amor, quiénes integran nuestra familia. Veamos la lista de cualidades de cada uno, sumemos la lista de valores en la atmósfera familiar"

Tal vez hemos estado "ciegos"…y Jesús nos concede ver ese tesoro familiar que teníamos enterrado: hecho de bondad, sencillez, austeridad, abnegación, perseverancia, solidaridad; con ejemplos de ternura, sonrisa, de momentos de oración, unidos a ÉL, la

Santísima Virgen María y a San José.

Artículo extraído de la Revista "ID" Misioneras de Guadalupe

ORACIÓN POR LA FAMILIA

¡Oh Dios! De quien procede toda paternidad en el cielo y en la tierra; Padre, que eres Amor y Vida, haz que cada familia humana sobre la tierra, se convierta por medio de tu Hijo, Jesucristo, "nacido de mujer" y del Espíritu Santo, fuente de caridad divina, en verdadero santuario de la vida y del amor para las generaciones que siempre se renuevan.

Haz que las jóvenes generaciones encuentren en la familia, un fuerte apoyo para su humanidad y su crecimiento en la verdad y en el amor.

Haz que tu gracia guíe los pensamientos y las obras de los esposos, hacia el bien de sus familias y de todas las familias del mundo.

Haz que el amor, corroborado por la gracia del sacramento del Matrimonio, se demuestre más fuerte que cualquier debilidad y cualquier crisis, por las que a veces pasan nuestras familias.

Haz finalmente, te lo pedimos por intercesión de la Sagrada Familia de Nazaret, que la Iglesia en todas las naciones de la tierra, pueda cumplir fructíferamente su misión en la familia y por medio de la familia. Por Cristo nuestro Señor, que es Camino, Verdad y Vida, por los siglos de los siglos. Amén.

San Juan Pablo II

ORACIÓN POR LA FAMILIA

¡Oh Dios! Que en la Sagrada Familia nos dejaste un modelo perfecto de vida familiar, vivida en la Fe y la obediencia a tu voluntad; ayúdanos a ser ejemplo de Fe y Amor a tus mandamientos.

Socórrenos en nuestra misión de transmitir la Fe a nuestros hijos. Abre su corazón, para que crezca en ellos la semilla de la Fe que recibieron en el bautismo.

Fortalece la Fe de nuestros jóvenes, para que crezcan en el conocimiento de Jesús.

Aumenta el Amor y la fidelidad en todos los matrimonios, especialmente aquellos que pasan por momentos de sufrimiento o dificultad. Unidos a José y María, te lo pedimos por Jesucristo tu hijo, nuestro Señor. Amén.

S.S. Benedicto XVI

ORACIÓN POR LA FAMILIA
(Cuando se reúnan todos)

Señor Jesús: Cúbrenos con tu preciosa Sangre. Derrama tu Sangre preciosa en cada rincón de este hogar.

Purifica nuestras mentes y nuestros corazones, para así, tener buenas intenciones, bendecidas por Ti.

Te damos gracias por habernos reunido en tu Nombre y darnos la oportunidad de compartir nuestros dones.

Haznos amarnos los unos a los otros, con el ejemplo de tu Sagrada Familia, para que prevalezca la unión y nos fortalezcamos mutuamente.

Saca de aquí, todo lo que no sea tuyo, lo que te ofende y no es de tu agrado: Orgullo, egoísmo, envidia, soberbia, lujuria, vicios, malos entendidos y nuestros propios intereses.

Enséñanos a ser más humildes, recordando que Tú mismo, lavaste los pies a tus discípulos.

Bendice nuestros hogares, a nuestras familias y todo lo que Tú nos has dado para nuestro bien. Amén.

Francisco Javier Velázquez Cárdenas

ORACIÓN POR LA FAMILIA:

Gracias Señor, porque nos has bendecido con el don de la familia.

Te doy gracias por el amor, la fortaleza y el consuelo que me dan mis familiares.

Vuelve hacia nosotros con tu mirada y protégenos cada día.

Que nos preocupemos más los unos de los otros y resolvamos con sabiduría nuestras diferencias.

Haz que éste sea un momento especial en nuestras vidas, que nos permita manifestar más abiertamente nuestro amor y nuestra fe en Ti.

¡Oh Señor, orienta en su camino a mi familia y no te alejes de nosotros!

Bendice a todos con tu Gracia y tu Misericordia y haz que tu Amor permanezca en todos nosotros.

Gracias, Señor, por mi familia. Guíala siempre hacia Ti.

Bendito seas Señor, porque en tu Amor nos reuniste para formar nuestra familia. Te damos gracias por vivir juntos.

Te pedimos que protejas y conserves nuestro hogar. Que sus puertas estén siempre abiertas, para los que quieran entrar en él y compartir nuestra alegría y amistad.

Enséñanos a aceptarnos como somos, con nuestras cualidades y defectos; a presentarte nuestros planes y sueños, a pedir tu ayuda, a ofrecerte nuestras alegrías y nuestras penas, a recomenzar después de cada caída.

Te pedimos que como miembros de tu Iglesia, sepamos llevar tu mensaje de Amor a todos los que nos rodean. Que tu Amor nos conserve siempre unidos y en paz. Amén.

CANTO:

SER FAMILIA

(Letra y música de Francisco Javier Velázquez Cárdenas)

LA FAMILIA ES UN DON, QUE EL CREADOR NOS QUIERE DAR; SI LA FORMAMOS CON AMOR, BENDICIONES NOS DARA.

ESCUCHANDO SU PALABRA Y HACIENDO ORACIÓN, HAREMOS COMUNIDAD DE VIDA Y AMOR.

Ser familia, no es juntarse "Así, nomás". Y pensar que "todo", Dios te proveerá.

La vida es dura, si no sabes preparar: Buenos cimientos de amor y de verdad.

LA FAMILIA...

Ser familia es: Conocer e imitar...María y José, con Jesús, nos guiarán.

Ser familia es: Vivir la caridad y promover la justicia y la paz.

LA FAMILIA...

Ser familia es: Defender y respetar, amar la vida, del principio hasta el final.

Ser familia es: Amarse de verdad y compartir la responsabilidad.

LA FAMILIA...

Ser familia es: Tener Fe y entender que entre nosotros, el respeto es primordial.

Ser familia es: Saber pedir perdón. Y comprender que nadie es igual.

Ser familia... Que "suave" es formar una familia ideal.

Ser familia... Que bueno es tener armonía en el hogar.

Ser familia... Que "padre" es tener familia, "A todo dar"...

CAPITULO V

SER PADRE

¿Qué significa ser Padre? Ser padre es en primer término, un lugarteniente de Dios, el cual es el origen de toda paternidad en el cielo y en la tierra. El padre comunica la vida, que procede de una fuente eterna, única, que es Dios. El padre es como la imagen de la Providencia en el hogar; el que provee y acerca a la familia los bienes necesarios. ¿Quién es realmente un padre? No es aquél que simplemente engendra, sino el que cumple, el que protege, el que cuida, el que ayuda y educa.

No todos los que engendran están preparados para ser padres, ni todos tienen un corazón paternal, madurez y disposición para sacrificarse, apoyar, cuidar, dar y darse a favor de sus hijos. Hay padres que piensan que cuando los hijos crecen, dejan de tener la obligación de vigilar su comportamiento y atender sus necesidades. Lo cierto es que la paternidad no tiene edad.

Este mensaje va dirigido a los padres y a quienes esperan serlo, para que piensen y reflexionen sobre esa misión tan grande de ser padres, que significa entregarse y renunciar a sí mismos, para luchar, trabajar y sufrir, si es necesario, por el bien de sus hijos; para saber conducirlos con amor y sabiduría por el camino del bien, hasta llegar a la edad adulta, sanos, educados y capaces de insertarse en una sociedad tan difícil como la nuestra.

Ojalá que todos los padres pudieran ser un reflejo de la paternidad divina y fueran no solamente engendradores de vida, sino que también, como instrumentos de Dios, supieran ser providentes para sus hijos; es decir, cuidadosos en atender sus necesidades materiales y espirituales y remediarlas. Ojalá quieran ser también misericordiosos, como lo es el Padre Dios. Los hijos no siempre son buenos; a veces cometen errores, ofenden y desobedecen; más un buen padre de familia, debe soportarlos con paciencia y saber corregirlos con amor. El Señor bendiga a todos los padres y que Dios todopoderoso sea su motivo y su ejemplo.

Extracto de un artículo del periódico "El Semanario" de la Arquidiócesis de Guadalajara. (Escrito por el Cardenal Juan Sandoval Iñiguez)

¿TU ERES UN BUEN PADRE, O DESEAS SERLO?

Un buen padre es quien a diario comparte con sus hijos, no por obligación, sino porque disfruta estar con ellos, para compartir hazañas, alegrías, juegos, etc. durante su crecimiento. Todos creemos que un buen padre; sabe escuchar, comprender, proteger, valorar y amar sin condiciones a su hijo (a). Y demuestra con su buen ejemplo, antes que con palabras, sus buenos modales y valores; como la honestidad, gratitud benevolencia y altruismo, y todo eso, es lo que recordaremos con cariño, todos sus hijos.

Además, un buen padre ha de tener conciencia y aceptar que sus hijos son distintos a él, permitiendo que crezcan, sin ser exactamente como él, sino una nueva y mejor semilla, donde "el discípulo supera a su maestro".

El ser que fue resultado de un buen padre, se aprecia, cuando orgulloso, observa que su hijo creció y se desarrolló, siendo al final, un adulto íntegro, estable y responsable de su vida y de los que lo rodean. Estamos a tiempo, para retomar esta excelente decisión, si aún estamos criando y educando a nuestros hijos y asumiendo con humildad, el deseo de ser unos buenos padres, tomando conciencia de ese reto o compromiso, superando los puntos desfavorables y afianzando los positivos, porque sólo con práctica y voluntad, día a día y con el favor de Dios, podremos ser el buen padre que necesitan nuestros hijos.

Francisco Javier Velázquez Cárdenas.

ORACIÓN DE LOS PADRES, POR SU HIJO RECIÉN NACIDO:

SEÑOR JESÚS: Tú que fuiste un día también niño, protege a nuestro hijo: fruto de nuestro amor, fuente de nuestra alegría y esperanza de nuestra vida. Haz que crezca, según tu ejemplo de sabiduría, gracia y amor al prójimo. No permitas que su inocencia sea profanada por el mal. Amén.

ORACIÓN DEL PADRE

*AYÚDAME a comprender a mis hijos, a escuchar pacientemente lo que tengan que decir, a contestar todas sus preguntas.

*HAZME tan amable con ellos, como quisiera que lo fueran conmigo.

*DAME VALOR de confesar mis faltas para con mis hijos. No permitas que me burle de sus errores, ni que los humille o avergüence delante de sus amigos o hermanos, como castigo.

*NO PERMITAS que induzca a mis hijos a hacer cosas indebidas, por seguir mi mal ejemplo.

*TE PIDO que me guíes todas las horas del día, para que pueda demostrarles, por todo lo que diga y haga, que la honestidad es fuente de felicidad.

*REDUCE, te lo ruego, el egoísmo que hay dentro de mí. Haz que cese mis críticas de las faltas ajenas y cuando la ira trate de dominarme, me ayudes, ¡Oh Señor! a contener mi lengua.

*HAZ que tenga siempre a flor de labios, una palabra de estímulo.

*AYÚDAME a tratar a mis hijos, conforme a sus edades y no permitas que de los menores, exija el criterio y normas de vida de los adultos.

*NO PERMITAS que les robe las oportunidades de actuar por sí mismos con responsabilidad; de pensar escoger y tomar sus decisiones de acuerdo a su edad.

*FACILÍTAME el poder satisfacer sus deseos justos y honestos, pero dame valor siempre, de negarles un privilegio, que sé que les causará daño.

*HAZME tan justo, tan considerado y amigo de mis hijos, que me sigan por amor y no por temor.

*AYÚDAME, en fin, a ser un líder para ellos y no un jefe. Amén.

Anónimo.

DECÁLOGO DEL PADRE

1.- Amarás a tu hijo, con todo tu corazón, alma y fuerzas, pero sabiamente con tu cerebro.

2.-Verás en tu hijo una persona, y no un objeto de tu pertenencia.

3.-No le exigirás amor y respeto, sino que tratarás de ganártelos.

4.-Cada vez que sus actos te hagan perder la paciencia, traerás a la memoria los tuyos, cuando tenías su edad.

5.-Recuerda que tu ejemplo será más elocuente que el mejor de tus sermones.

6.-Piensa que tu hijo ve en ti, un ser superior; no lo desilusiones.

7.-Serás en el camino de su vida, una señal que le impedirá tomar rumbos equivocados.

8.-Le enseñarás a admirar la belleza, a practicar el bien y a amar la verdad.

9.-Brindarás atención a sus problemas, cuando consideres que puedes ayudar a solucionarlo.

10.-Le enseñarás con tu palabra y con tu ejemplo, a amar a Dios sobre todas las cosas.

Extracto de la revista 4º Día de colores (Año 12 Nº 76 mayo-Junio 2012)

ORACIÓN POR EL PADRE DIFUNTO.

Gracias Señor, por habernos prestado todo este tiempo, a un gran papá: _____.

Tú lo conociste bien, con sus aciertos y sus fallas… y confiamos que hayas tenido misericordia de él.

Los buenos momentos a su lado y su buen ejemplo, vivirán siempre en nuestros corazones… y aquellos malos o desafortunados momentos, quedarán sepultados en el olvido, con tu ayuda, Señor.

Se ha cumplido tu Santa Voluntad. Que esté pronto Contigo, en la gloria de los Bienaventurados. Amén.

Francisco Javier Velázquez Cárdenas

CANTOS:

PADRE Y AMIGO

(Letra y música de Francisco Javier Velázquez Cárdenas)

Yo quiero que seas mi amigo, ven "Papi" a jugar conmigo;
el tiempo corre de prisa…Ven, que te necesito.

Y quiero que seas mi maestro, cuando pregunte ¿Para qué es esto?
Y voy a aprender mil cosas… Siguiendo tu buen ejemplo.

Padre, te necesito a mi lado; sentir tu apoyo y cariño, aunque no sea ya un niño. Padre, ya no te enfades conmigo; yo quiero ser un buen hijo y para siempre…Tu amigo.

Yo sé que eres un buen padre y que amas y eres fiel a mi madre; tu ejemplo será mi herencia… ¡Que Dios siempre te acompañe!

Y te pido que seas un abuelo, que tenga paciencia a sus nietos;
quizás se repita una historia… De risas, juegos y cuentos.

**Padre, te necesito a mi lado; sentir tu apoyo y cariño, aunque
no sea ya un niño. Padre, escúchame lo que digo: quiero
hablar bien, contigo; con la confianza de un amigo.**

MI CORAZÓN ESTA CONTIGO

(Letra y música de Francisco Javier Velázquez Cárdenas)

**Mi corazón está contigo… aunque casi no te pueda ya, ver; le pido a
Dios que siempre te cuide y nunca me olvides, no te quiero perder.**

Quiero verte caminar a mi lado, sonriendo y jugando,
como sueles ser. Y aunque parezca que estoy enojado,
yo quiero abrazarte y mostrar mi querer.

**Mi corazón está contigo… aunque tú, a mi lado no estés; y sufro
siempre con tu ausencia y con tu presencia, soy feliz, otra vez.**

Y quisiera hacerte muchas cosquillas, que te de mucha
risa y jugar otra vez que me digas: que quieres abrazo
y aunque ya esté cansado, con gusto lo haré.

**Mi corazón está contigo… aunque yo, a tu lado no esté; si te dejo
se me parte el alma y pierdo la calma, al no verte después.**

"Gracias hijo, porque a pesar de todo lo que pasa, yo cuento contigo. Y
tú también puedes contar conmigo. Dios te bendiga, te quiero mucho".

Mi corazón está contigo…Aunque casi no te pueda ya, ver…

Mi corazón está contigo…Aunque tú, a mi lado no estés…

Mi corazón está contigo… Aunque yo, a tu lado no esté…

CAPITULO VI

SER MADRE.

Una Mamá es: Una persona con sueños, con ilusiones, pero también con inseguridades; que no sabe qué hacer… cuando sus hijos se enferman, cuando no quieren seguir estudiando, o cuando tienen como "amigos", a esos con los que no les conviene juntarse; cuando se llena de dudas, pensando cómo enseñarles a enfrentarse a sus compañeros del colegio, a valorar los estudios, a ser buenas personas, a darse a respetar, a enseñarles a ser felices, a trabajar, a ser hombres y mujeres de bien.

Una mamá también es: una mujer que quiere sentirse bonita, que tiene ganas de salir con sus amigas, de tener un rato libre, una pareja que la quiera por encima de todas las cosas, de divertirse sanamente, sentirse valorada por ser ella misma y no solo ser "la mamá de"…

Es muy complicado ser madre, ¡Y hablo en todos los sentidos! Desde la gestación hasta el último día de su vida. Es dificilísimo ser una buena madre, ¡Imposible, ser una mamá perfecta! ¿Por qué no pensar en ser simplemente MAMA? Una mamá que sabe serlo según la edad de los hijos; es decir, que al recién nacido lo trata como bebé y al de 15 como adolescente y al adulto, como adulto. Una mamá que respeta, sabe acompañar y querer a sus hijos en sus diferentes etapas de la vida, aceptando que el éxito es que sus hijos ¡No la necesiten! Que la quieran, la valoren, le agradezcan, la tomen en cuenta, pero que la dejen hacer su vida, sabiendo que ellos ya son responsables de sí mismos.

Que le den esa satisfacción de verlos como personas independientes, capaces, íntegras, adaptadas a la sociedad, felices, personas de bien; que después de todo este tiempo en su compañía, todavía la quieran.

¡Ser mamá es ser dadora y maestra de vida! ¡Maestra de felicidad, de libertad!

Extracto del artículo: ¡Mamás felices, todos felices! Por la Psicóloga: Dulce Rodríguez. (Maestría en terapia familiar)

ALGUIEN ME ENSEÑÓ...

Alguien me enseñó a:

*Ser una mujer consciente del privilegio de la vida y responder con ello, a los talentos que Dios me ha dado.

*Ser feliz, siendo yo misma, conforme a mi vocación y a mis sueños.

*Tener alegría para construir mi felicidad.

*Tener el coraje de ser libre, para elegir mis caminos, venciendo mis temores y asumiendo las consecuencias de mis actos.

*Tener éxitos, pero también fracasos, que me recuerden mi condición humana, la grandeza de Dios y el peligro de la soberbia.

*Sentirme completa, a amarme y a reconocer que soy única, irrepetible e irremplazable y que valgo por lo que soy, no por lo que tengo.

*Tener la capacidad de gobernarme y querer el presente, elegir el futuro y trabajar para conseguirlo. A recordar el pasado, pero no vivir en el ayer.

*Perdonarme mis errores, mis culpas y mis caídas...Y a tener el suficiente valor para pedir perdón y perdonar a otros, olvidándome de los rencores.

*Renacer cada día y sentir que Dios vive en mí y agradecerle su infinito amor, su entrega incondicional y su presencia.

*Hacer de cada día, un día especial para los demás y para mí.

*Entender que, como ella, se puede ser buena hija, hermana, esposa, guía y amiga.

Ella ha sido siempre…

-Una compañera que, en todo momento, con su exigencia y amor, ha sabido forjar un mejor camino para mi futuro.

-Una consejera que ha sabido escucharme, comprenderme y darme la más sencilla, pero más alentadora palabra de apoyo.

-Una excelente directora de mi formación y vida espiritual.

-La mejor cocinera, para la cual, el servir no es una tarea obligada, sino una labor altruista, en la que deposita todo su cariño.

-La mujer responsable que, con su dedicación, esfuerzo y perseverancia, me ha dado el mejor ejemplo y testimonio de vida.

-Una amiga incondicional, que tiende su mano para apoyarme y me abre su corazón, para reclinar en él mis más íntimos secretos, alegrías y tristezas.

Ella siempre está presente cuando la necesito, sin esperar nada a cambio. Por eso hoy, doy gracias a Dios por su más bella creación: ese ser excepcional que se proyectó en la vida, para darme vida… **¡Mi Madre!**

Artículo extraído de la revista "ID" de las Misioneras de Guadalupe.

MADRE QUE TODO LO DAS.

(Letra y música de José Isabel Gómez Solano)

Madre tú mereces mucho de lo que hay en esta vida, y por ser abnegada y buena, eres la más consentida.

Recibe en tus lindas manos, mi corazón entero, te lo regalo con gusto, por lo mucho que te quiero.

Madre que todo lo das, a cambio de casi nada, pero con tus buenas obras, tienes la gloria ganada.

Debes sentirte tranquila, sin penas y sinsabores, sin acordarte de agravios, desprecios, ni de rencores.

Puedes estar orgullosa de ser la más venerada, en esta vida y la otra, tú serás la más amada.

Madre que todo lo das, a cambio de casi nada, pero con tus buenas obras, tienes la gloria ganada.

ORACIÓN POR LAS MADRES.

Amado Señor. En tu Palabra, nos enseñaste a honrar a nuestras madres. Hoy y siempre, te damos gracias y oramos por todas las madres. Acompáñalas en todo momento. Pon en cada madre, el amor y conocimiento de Dios, para que se lo enseñen a sus hijos, ya que no hay mejor herencia para un hijo, que la fe y esperanza en las promesas de Jesucristo. Bendice a las madres, cuyos hijos están lejos de ellas. Anímalas en la ausencia. Si la distancia causa tristeza, haz que los corazones se unan por el amor de Jesucristo. Y oramos también por las madres que ya se nos adelantaron en el camino hacia Ti. Para que estén siempre felices de estar contigo en el cielo, por toda la eternidad y desde ahí, intercedan por todos sus hijos, para que también alcancen la salvación. Amén.

ORACIÓN A LA SANTÍSIMA VIRGEN DE GUADALUPE, PARA LAS ESPOSAS Y MADRES DE FAMILIA.

¡Oh María, Virgen de Guadalupe! Sin mancha, casta esposa de José, Madre tierna de Jesús, modelo acabado de esposas y de madres; yo vengo a Ti, llena de respeto y de confianza. Y con los sentimientos de la veneración más profunda, me postro a tus pies e imploro tu socorro. Ve ¡Oh poderosa María de Guadalupe! mis necesidades y las de mi familia;

escucha los ardientes votos de mi corazón; yo los confío al tuyo, tan tierno y tan bueno, y espero por ti, obtener de Jesús, tu querido hijo, la gracia de cumplir bien mis deberes de hija, de esposa y de madre. Solicita para mí, el temor de Dios, el amor al trabajo, el gusto y la oración por las cosas santas; la dulzura, la paciencia, la sabiduría y todas las demás virtudes, que el Apóstol San Pablo, recomienda a las mujeres cristianas, y que hacen la felicidad y el honor de las familias. Enséñame a honrar a mi esposo, como tú honraste al Señor San José y como la Iglesia honra a Jesucristo, su Divino esposo; y que el mío, encuentre en mí, una esposa, según su corazón y que la unión santa que hemos contraído en la tierra, subsista eternamente en el cielo. Protege a mi esposo en todas sus empresas. Yo te pido su salud y su existencia, más que la mía. Yo recomiendo a tu maternal corazón, a mis pobres hijos; sé su madre y fórmales el corazón en la piedad. Que jamás se aparten de los senderos de la virtud, que sean felices y que después de nuestra muerte, no se olviden de su padre y de su madre; que pidan por nosotros, que honren nuestra memoria con sus virtudes, tierna madre. Que ellos sean piadosos, caritativos y buenos cristianos; y supuesto que también han de morir, que su vida, llena de buenas obras, sea coronada por una dichosa muerte. Que tengamos, ¡Oh María de Guadalupe! Yo te lo pido con todo mi corazón, la dicha de encontrarnos todos juntos en el cielo, para contemplar la gloria de Dios, para celebrar sus beneficios y alabarlo y bendecirlo por toda la eternidad. Amén.

CANTOS:

¡GRACIAS, MADRE!

(Letra y música de Francisco Javier Velázquez Cárdenas)

Madre... ¿Cómo te puedo agradar? ¿Cómo puedo lograr que no estés triste por mí?

Madre... ¿Cómo yo puedo olvidar, lo que haces por nuestro hogar? Una familia feliz.

Gracias por tantos cuidados, desde que en tu vientre estaba. Gracias por lo que me has dado, por tu entrega con toda el alma.

Madre… ¿Cómo te puedo ayudar? ¿Cómo te puedo pagar lo que has hecho por mí?

Madre…Con tu vida me das aliento para luchar, aún con tu enfermedad.

Gracias por tus oraciones, porque buscas el bien de mi alma. Gracias por tus bendiciones, que me das siempre en cada mañana.

Madre… Dios te regale su paz y que derrame su amor, que seas feliz en tu hogar… ¡GRACIAS MAMA!

MIRA Y ADMIRA

(Letra y música de Francisco Javier Velázquez Cárdenas)

¡Detente y deja a tu hijo nacer! Acéptalo, tal y como es él. Si Dios te dio vida… ¿Por qué no ves? También deja al Creador, su obra, hacer.

MIRA Y ADMIRA: ¡QUE HERMOSA ES LA VIDA! MIRA A TU ALREDEDOR, LAS MARAVILLAS DE DIOS.

Cuando mires a tu bebé sonreír, verás cómo Dios te sonríe a ti. Si escuchas que algo te quiere decir… Te dará gracias por tu amor, por vivir.

MIRA Y ADMIRA…

Cuando tu hijo empiece a caminar, lo guiarás, que no vaya a tropezar. Pues quiere ya, al mundo conocer; un mundo maravilloso para él.

MIRA Y ADMIRA…

¡QUE LINDA SEÑORA!

(Letra y música: Francisco Javier Velázquez Cárdenas)

¡Qué linda señora, de dulce mirada; que Dios la bendiga y sea bien amada! ¡Qué linda señora de bellas palabras; su esposo y sus hijos, por eso la alaban!

SI MIRAS MAMITA, SE SIENTE TU PAZ; INSPIRAS TERNURA, ALEGRÍA Y BONDAD. SI MIRAS MAMITA, A TUS HIJOS TRIUNFAR; SUSPIRA TU ALMA DE FELICIDAD.

¡Qué linda señora, de tierna sonrisa; que alegra su casa y cambia la vida! ¡Qué linda señora, de un gran corazón; trabaja y educa, nos llena de amor!

SI MIRAS MAMITA...

¡QUE CREZCAN LOS NIÑOS!

(Letra y música de Francisco Javier Velázquez Cárdenas)

Con paciencia y cariño, es como aprende un niño. Con amor y bondad, aprende la verdad. No le enseñes violencia, vístelo con decencia; porque después, lo agradecerá.

QUE CREZCAN LOS NIÑOS, RODEADOS DE CARIÑO... ¡DIOS LOS LIBRE DE TODA MALDAD!

QUE SEAN ALEGRES Y SANOS, SIN VICIOS... ¡SEAN REFLEJO DE PURA BONDAD!

No esperes que un niño, piense ya, como adulto; pues poco a poquito, tiene que madurar. No hay niños malos, sólo siguen ejemplos... Tu actitud los convencerá.

QUE CREZCAN LOS NIÑOS...

CAPITULO VII

SER HIJO

¿COMO SER UN BUEN HIJO?

Ser buen hijo, es ser agradecido con Dios, por el don de la vida y con nuestros padres; que, aunque a veces cometan equivocaciones, fueron instrumentos de Dios; pues nos permitieron nacer, para ser parte de este mundo. Por eso, seamos buenos hijos:

*Amando a Dios (Frecuentando los sacramentos, realizando un apostolado en nuestra parroquia, ir al catecismo, estudiar la Biblia, ir a misa con la familia o rezar el rosario en familia, etc.)

*Respetando y queriendo todas las cosas y los seres creados por Dios. La naturaleza, los animales, etc.

*Venerando las cosas sagradas, creadas por Dios y/o por hombres, para dar gloria a Dios. (No dañar, no burlarse, no hablar mal, etc.)

*Respetando a las autoridades…Mamá, papá, sacerdote, maestro, médico, policía, etc.

*Respetando las cosas ajenas…De todo el mundo: La familia, compañeros de estudio o trabajo, amistades, etc.

*Respetando el sueño y descanso de mis padres.

*Respetando el propio espacio de los padres; pues no es justo que el cuarto de los padres se convierta en la sala de estar de la casa, o en el estar de T.V. pues su lecho es el santuario del hogar.

*Colaborando en las tareas domésticas. Todos los que habitan un lugar, tienen la obligación moral de ayudar de acuerdo a su edad.

*Colaborando con una participación económica, en cuanto tengamos la oportunidad de trabajar, de acuerdo a nuestras posibilidades.

*Evitando a toda costa, las malas compañías o falsos amigos, que nos inducen a hacer algo indebido como: matar, agredir, robar, drogarse, prostituirse, faltarle el respeto a los demás, etc.

*Honrando a tu padre y a tu madre…

Todos sabemos que honrar a nuestros padres (a aquel y a aquella que nos amaron antes de conocernos y que nos siguen amando después de conocernos…) es agradable a Dios. Pero lo que quizás no todos sabíamos, es qué tan agradable le es a Dios el cumplimiento de este precepto del decálogo, en que se explica la recompensa que le está prometida al que lo cumpla.

a) El que honra a su padre, queda limpio de pecado.

b) El que respeta a su madre, acumula tesoros.

c) Quien honra a sus padres, encontrará alegría en sus hijos.

d) El que enaltece a sus padres, tendrá larga vida.

e) El bien hecho a los padres, no quedará en el olvido y se tomará en cuenta de nuestros pecados.

Hagamos por ellos, hoy lo mejor, lo máximo que podemos, para que mañana, cuando ellos ya no estén más…podamos recordarlos con cariño, de sus sonrisas de alegría y no de las lágrimas de tristeza, que ellos hayan derramado por causa nuestra.

A ti, que has abandonado a tus padres ancianitos… A ti, que dices: "Ya estorba mi abuelo, debería mejor…" A ti, que lo tienes en tu casa y reniegas porque hay que cuidarlo… A ti, que te has ido a E.U. y poco te acuerdas de tus padres que dejaste y que ahora están viejitos y solos.

No olvides esto: Si tienes un ancianito (Abuelos, padres, tíos) en tu casa, ámalos y sírvelos…Ahí está tu salvación.

¡NO EMPEQUEÑEZCAS!

Todo lo que tú necesitas saber en cuanto a la salud mental, puede ser resumido en dos palabras: No empequeñezcas.

El 95% de todos los problemas emocionales y mentales, podrían ser eliminados, si todos practicáramos esta verdad. ¡Cómo cambiaría todo, si viviéramos conforme a ella! No empequeñezcas a los demás. No hagas nada que pueda hacer que alguien se sienta menospreciado. No juzgues ni critiques de una forma que disminuya la autoestima y el sentir de otras personas.

No empequeñezcas. No lo olvides, vívelo, enséñalo a los demás y principalmente a tus hijos, para que no cometan los errores por los cuales, la mayoría hemos pasado. Mantén tu enfoque sobre lo positivo de los demás. Resalta siempre lo bueno en cada persona. Anima siempre a tu prójimo. Trata a los demás, de la misma forma en que quisieras ser tratado. Habla palabras que ayuden y sanen. Evita palabras que destruyan y causen dolor.

¡Tus palabras sí importan! Ellas pueden traer vida o muerte. Utiliza tus palabras sabiamente, edifica a los demás. **Benditas sean todas las palabras de amor que de ti procedan, pues eso demuestra que tu corazón está en buenas manos.**

Que tus palabras sean como aguas mansas pero en constante movimiento, que con paciencia se van abriendo camino.

Que sean una bendición para los campos áridos, que sean dadoras de vida para todas las plantas que se nutran de tus palabras convertidas en agua.

Que con dulzura se introduzcan en la vida de los sedientos que necesitan de un trago para seguir viviendo.

Las palabras pueden ser una poesía, una frase célebre, un consejo, un cuento, una felicitación, una reflexión, incluso hasta un chiste. Sin embargo, deben ser un cauce de amor, para que llegue a todos.

Transformémonos igual que el agua, que nuestras palabras y pensamientos, cuando no sean positivos, se conviertan en hielo y queden mudas y estáticas. Que cuando sean para compartir, éstas sean líquido que se usa para conservar y crear la vida. Y que sean vapor, cuando queramos que éstas lleguen a las alturas, para que el buen Dios, las distribuya más sabiamente, en forma de lluvia, a todos sin distinción.

El dominio de nuestras emociones y sentimientos, nos llevan a vivir en paz y en equilibrio con los que nos rodean; pensemos antes de hablar y actuar.

¿Por qué no vivir siempre alegres?

La alegría agrada siempre a Dios

Como place a la madre, la alegría de su hijo, también la alegría agrada a Dios. Lo que Dios no quiere, lo que le mortifica, lo que le irrita, es lo que puede dañarte: Un pensamiento que te mancharía el alma, un deseo que te perturbaría el corazón, una acción malsana que debilitaría tus facultades o acabaría con tu reposo…

Nunca quieras lo que Dios no quiere:

"No hagas nada que no quisieras que te viera Dios".

"No digas nada que no quisieras que oyera Dios"

"No escribas nada que no quisieras que leyera Dios".

"No leas ningún libro que no quisieras que Dios te dijera: ¡Muéstramelo!"

"No vayas a parte alguna, en donde no quisieras que te hallara Dios"

"No trates con nadie con quien no quisieras que te hallara Dios"

"No emplees ni un minuto, durante el cual no quisieras que Dios te preguntara: ¿Qué estás haciendo?

¡No te alejes de Dios! ¡Cuán bueno es vivir junto a aquellos que nos aman!

No ves a Dios, pero está cerca de ti, como estaría un amigo tras de una cortina o tras de un cristal de doble fondo. Cuando el alma no está manchada por el pecado y permanecemos un instante en silencio, sentimos a Dios en nuestro corazón, así como nos damos cuenta de la luz que ilumina un aposento. No siempre advertimos esta presencia, pero influye necesariamente en nuestros actos. ¿Hiciste algo que no debías hacer? Basta que bajes los ojos un instante, dirige una mirada a tu interior; di en tu corazón: Dios mío, perdóname. ¿Acaso Dios no te habla en la hora presente? Escucha lo que te dice: Soporta esa contrariedad, estoy aquí, para ayudarte…Te dice: No hagas eso. ¿Verdad que no lo harás?

Te comparto algunas citas bíblicas y de algunos santos, que te iluminarán, para ser un mejor hijo y un mejor "ciudadano del mundo".

"Y Tú: *_____ Hijo (a) mío (a), reconoce al Dios de tus padres y sírvele con corazón entero y con ánimo cariñoso, porque Yahvé sondea a todos los corazones y penetra los pensamientos en todas sus formas. Si lo buscas, se dejará encontrar; pero si lo dejas, El te arrojará para siempre"

1ª Crónicas 28, 9

Por lo que más quieras…Tú *_____ "Busca primero el Reino de Dios y su justicia, y lo demás se te dará por añadidura" **Mateo 6, 33.**

*Pon aquí tu nombre mentalmente, por favor.

"Feliz el que no se guía por consejo de malvados, ni pone pie en mal camino, ni con burlones se sienta; sino en la ley del Señor se deleita, y de noche y de día la medita." **Salmo 1, 1-2**

Tengamos un gran ideal. ¡Cultivémoslo! Preparémonos para obtenerlo y tarde o temprano, si tenemos constancia; Dios suscitará una circunstancia, tal vez imprevista y que parecía poco probable, que hará explotar la chispa de la gran ocasión y entonces… ¡Obtendremos nuestro ideal! **San Juan Bosco**

Hasta las más mínimas acciones son grandes y excelentes, si las hacemos con la única mira y con la firme voluntad de agradar a Dios. **San Francisco de Sales.**

No eres más porque te alaben, ni menos porque te critiquen; lo que eres delante de Dios, ¡Eso eres y nada más! **Kempis**

Nuestra voluntad de querer cambiar, es determinante en el proceso de santificación. Tu voluntad se ve robustecida con la oración y los Sacramentos.

ORACIONES DE LOS HIJOS:

A Dios le gusta que oremos, porque orar es hablar con Él y con los que están junto a Él en el cielo. Para orar, lo único que hace falta es la sinceridad de corazón. El siempre está dispuesto a escucharnos.

Para antes de dormir:

Señor Jesús, hermano y amigo mío, antes de entregarme al sueño, quiero darte las gracias por todo lo bueno que me das. Gracias por mis seres queridos; cuídalos te pido. Gracias por la comida, por el techo y por la ropa que visto. Gracias, sobre todo, por darme la vida. Ayúdame a ser mejor cada día, haciendo lo que te agrada y que pueda ver tu rostro en el cielo. Amén.

Por mis papás:

Padre de amor y de bondad, hoy te pido por mis papás. Dales sabiduría, para que me eduquen bien y ayúdalos a parecerse a Ti, cada vez más. Que su trabajo diario, nos atraiga tus bendiciones.

Concédenos querernos y ayudarnos mucho, para que seamos una familia unida. Amén.

Por los niños que no tienen familia:

Virgen María, Madre del Niño Jesús; a ti, que siempre velas por nosotros, te pido por aquellos niños y niñas que no tienen una familia. Ayúdalos a encontrar apoyo y cariño en quienes los rodean. Haz que puedan ser felices, a pesar de sus dificultades. Cuida de ellos, Madre mía, para que crezcan como tu hijo bendito, en sabiduría, en estatura y en el favor de Dios y de todos los hombres. Amén.

CANTOS:

PEQUEÑO Y GRANDE.

(Letra y música de Francisco Javier Velázquez Cárdenas)

Eres un milagro de la vida, eres un milagro del amor de Dios. Eres una ilusión querida; Dios es grande y escuchó nuestra oración.

ERES MUY PEQUEÑO Y GRANDE A LA VEZ, MARAVILLA DE NUESTRA CREACIÓN. ERES BIENVENIDO Y TU PRESENCIA ES: LA ALEGRÍA DE NUESTRO CORAZÓN.

Eres un nuevo hijo de Dios; tan pequeño, pero de un gran valor. El nos ha confiado ya, tu vida; nos ha dado: esperanza, fe y amor.

ERES MUY PEQUEÑO…

"Que ser tan pequeño….Y sin embargo es una maravilla del Dios de la creación. Un ser tan delicado, que necesita un mejor cuidado, mucho amor y más unión. ¡Qué felicidad da, el ver que te mueves y oír los latidos de tu corazón!"

ERES MUY PEQUEÑO…

Eres un regalo del Señor. El te ha formado para nuestro bien. Eres más que una bendición. ¡Has venido en nombre del amor!

ERES MUY PEQUEÑO…

UN GRAN CORAZÓN

(Letra y música de Francisco Javier Velázquez Cárdenas)

"Eres una buena hermana y como un buen ángel, te ha mandado Dios; que nos llena de ternura, con su alma pura y un gran corazón".

Eres como una niña, que se ha ganado la salvación. Tienes la "Luz divina", se ve, Georgina, en tu corazón.

Animo, hermana mía; con tu sonrisa, nos das amor. No importa que no leas o escribas, pues Dios lo hace en tu corazón.

"Eres una gran hermana y amiga y te deseamos lo mejor: Que Dios, siempre te bendiga y dé alegría a tu corazón".

En un mundo de injusticia, que te ha causado pena y dolor; Dios nunca te ha abandonado, pues te ha dado un gran corazón. Dios te ha reservado un premio, allá en el cielo, por tanto amor. El cariño a nuestros padres, sólo se paga… ¡Con la salvación!

"Eres una buena hermana y has sido una gran bendición. Dios te regaló sus dones, para servir y amar sin condición".

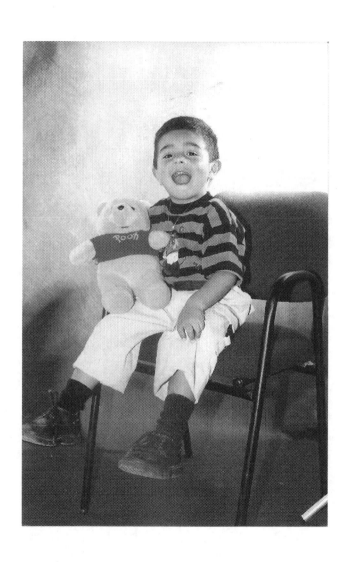

CAPITULO VIII

SER ABUELO

"El justo crecerá como una palmera y se alzará como un cedro del Líbano. Plantado en la casa del Señor, crecerá en los atrios de nuestro Dios. Aún en la vejez, seguirá dando fruto y estará lozano y frondoso para proclamar que el Señor es justo, que en mi Roca no existe la maldad"… **Salmo 92 (91), 13**

En todos nosotros, en mayor o menor medida, existe el miedo de llegar a viejos, pero también existe el deseo de vivir lo bastante para poder serlo. Les compartiré algunos excelentes puntos de vista.

Envejecer es como escalar una gran montaña; mientras se sube, las fuerzas disminuyen, pero la mirada es más libre, la vista más amplia y serena.

Ser abuelo- Hoy, más que nunca- no es para empezar a entornar la puerta de nuestra vida, sino que es empezar a abrirla más aún, a la espera y la esperanza de ese nuevo florecimiento de la sangre, que son los nietos.

Ser abuelo, es estar listo para dar nuestra experiencia, tolerancia y consentimiento y nuestra sonrisa hecha de entusiasmos y de sabios fracasos.

El abuelo ha pasado ya por casi todo y sabe que no vale la pena, correr demasiado, ni perseguir a costa de la vida, algo que no tiene más valor que el de lo temporal y transitorio.

El abuelo es la entrega experimentada, el amor sin sobresaltos, la verdad hecha día a día.

Los abuelos están ahí, en medio de nosotros y hay que sentirlos como lo más próximo y lo más radical de nuestra corta existencia.

Extracto de la Revista 4° Día de colores. Del Movimiento de Cursillos de Cristiandad de la Arquidiócesis de Guadalajara.

EL ENCANTO DE LA VEJEZ.

Ser anciano, implica haber vivido una prolongada existencia, encontrarse al final de un largo viaje quizá demasiado cansado...pero tiene su encanto.

La ancianidad es antesala, según el plan de Dios, del gozo y descanso eternos. Pero no se puede olvidar que la ancianidad pertenece todavía, al tiempo del peregrinaje terreno. Es, por lo tanto, tiempo de prueba, tiempo de hacer el bien, tiempo de labrar nuestro destino eterno, tiempo de siembra.

Es inevitable envejecer; pero no se puede ser buen anciano sin mucha gracia de Dios y sin una continua lucha personal. Por ello, la vejez, que es tiempo de serena recogida de frutos, puede ser también tiempo de naufragios. No es solo un naufragio de las fuerzas físicas o una disminución paulatina de las mismas fuerzas morales; inteligencia y voluntad. Es un naufragio de todo el hombre.

El anciano puede enfrentarse a la verdad, con una sobriedad y con un realismo superiores a los de las demás épocas de la vida. Se hace así más fácil descubrir con una nueva nitidez, lo que es importante y lo que es intrascendente.

También la ancianidad está bajo la mano providente y amorosa de nuestro Padre Dios... Y es que la ancianidad, como toda época de la vida, puede ser bien vivida o mal vivida; y en la que Dios nos espera, nos asiste, llama a la puerta de nuestro corazón y en la que tiene más importancia de lo que a veces sospechamos, la respuesta de nuestras libres decisiones.

No es la vejez una época vacía o inútil. Es época de heroísmo, de santidad. A pesar de la decadencia física, la gracia de Dios rejuvenece el alma, con fuerzas sobrenaturales, llevándola a la santidad. Ellos son útiles en tantas cosas humanas; son útiles, sobre todo, en el aspecto sobrenatural. Forman parte del Cuerpo Místico de Cristo, que es la Iglesia y lo enriquecen con su santidad, con su oración, con sus sacrificios.

Extracto de la Revista "ID" Misioneras de Guadalupe.

ORACIÓN POR LOS ABUELOS

Señor Jesús, Tú naciste de la Virgen María, hija de San Joaquín y Santa Ana. Mira con amor a los abuelos de todo el mundo.

¡Protégelos! Son una fuente de enriquecimiento para las familias, para la Iglesia y para toda la sociedad. ¡Sostenlos! Que cuando envejezcan, sigan siendo para sus familias, pilares fuertes de la fe evangélica, custodios de los nobles ideales, hogareños, tesoros vivos de sólidas tradiciones religiosas.

Haz que sean maestros de sabiduría y valentía. Que transmitan a generaciones futuras, los frutos de su madura experiencia humana y espiritual.

Señor Jesús, ayuda a las familias y a la sociedad, a valorar la presencia y el papel de los abuelos. Que jamás sean ignorados y excluidos, sino que siempre encuentren respeto y amor.

Ayúdales a vivir serenamente y a sentirse acogidos durante todos los años de vida que les concedas.

María, Madre de todos los vivientes, cuida constantemente a los abuelos, acompáñalos durante su peregrinación terrena y con tus oraciones, obtén que todas las familias se reúnan un día en nuestra patria celestial, donde esperas a toda la humanidad, para el gran abrazo de la vida sin fin. Amén.

S.S. Benedicto XVI

CANCIÓN:

Dedicada a todos los abuelos y abuelas del mundo.

MI ABUELO

(Letra y música de Francisco Javier Velázquez Cárdenas)

Abuelo (Abuelo), su misión en la vida no ha terminado. (Abuelo) Dios le ha dado más vida, porque usted es buen ejemplo... De paciencia y decencia, mi abuelo.

Abuelo (Abuelo), cuénteme su historia, cosas bellas de su vida. ¿Cómo eran los días en su tiempo? Yo entiendo que había más respeto hacia el cielo.

DIOS CONSERVE SU VIDA, MUCHO MAS; QUE LE DE ALEGRÍA, GOZO Y PAZ.

QUE DICHA ES TENERLO UN TIEMPO MAS; SU EXPERIENCIA NOS ENSEÑA A VALORAR.

Abuelo (Abuelo), yo sé que habla a Dios y le pide por sus nietos. Le agradezco tanto por sus rezos, mi abuelo; y por sus regaños, que merezco.

Abuelo (Abuelo), pediré a nuestra Madre, a la Reina del cielo; que esté sano y contento y no esté tan enfermo, que tenga más cariño de sus nietos.

DIOS CONSERVE SU VIDA...

"Abuelos: le agradecemos a Dios, porque están aquí, con nosotros.

Y a pesar de sus dolencias, su dificultad para escuchar y caminar; se esfuerzan aún, por ser útiles a los demás y enseñarnos el buen camino. Gracias por todo, abuelos. ¡Dios los haga santos!"

CAPITULO IX

ORACIÓN Y ACCIÓN...
UNA SABIA DECISIÓN

Jamás olvidemos que:

"Todo lo que sube a Dios en oración, baja luego a la tierra, en bendición".

"ORAR ES: El poder más grande sobre la tierra".

"SEÑOR JESÚS: Ayúdame a recordar que, hoy, no pasará nada que Tú y yo, juntos, no podamos superar. Acompáñame en cada momento y ningún temor, invadirá mi corazón".

La oración es un modo de vivir. ORAR significa: Contar con la existencia de Dios, ponerse en su presencia, reconocer su poder y encomendarse a Él. Significa presentar ante Dios, la alegría y la miseria del mundo, significa oír la Palabra de Dios y responder a ella. En fin, orar significa: vivir con Dios.

Es increíble lo que Dios ha hecho en mi vida a través de la oración. En las enfermedades, en los viajes, en el trabajo, en el apostolado de la música y en las misiones, congresos, cursos, retiros…etc.

Leí en una ocasión una frase y me gustó; "Si pones a Dios en todo lo que haces, lo encontrarás en todo lo que acontece". Creo que más claro, "ni el agua".

Cuando los discípulos dijeron a Jesús: Señor, enséñanos a orar, Jesús les dijo que podían llamar "Padre" a Dios...Y Jesús mismo, empleó esta invocación, pues decía Abba, que era la palabra con que los niños de Palestina, llamaban a su padre.

La palabra de Dios nos invita constantemente; "Orad" **Lucas 18, 1 Colosenses 4, 2 1ª. Tesalonicenses 5, 17**

Con frecuencia pensamos que la oración es asunto de nuestra disposición de ánimo, de nuestro humor....Y el enemigo sabe esto, y nos aparta más y más de una vida de oración. Y es que olvidamos que la palabra "Orad" es una orden. **Mateo 26, 41** Esta palabra ha salido de la boca del Señor de los señores y ante ella, no hay más que una actitud: la del que obedece. El Señor nos llama a una vida total de oración, a una vida de constante intercambio con El.

Si llegáramos a comprender que la oración aumenta nuestro tiempo y da a todas nuestras tareas: paz, amor, paciencia y con ello buen fin, se grabaría en nosotros de manera inolvidable esto: Primero afilar los instrumentos y luego usarlos, o sea, sobre todo y primero que nada; orar.

"Vivan orando y suplicando. Oren en todo tiempo, según les inspire el Espíritu. Velen en común y prosigan sus oraciones, sin desanimarse nunca, intercediendo a favor de todos los hermanos," **Efesios 6, 18**

Tal como sea nuestra vida de oración, así será nuestra vida, nuestra cosecha, así será nuestra victoria sobre nuestras apetencias y tentaciones.

Sentirse llamado a una vida de oración y tomar la decisión de orar más en adelante, es declararle la guerra al demonio, pues cuando oramos, alabamos la victoria de Jesús sobre nuestros pecados, pedimos la liberación de nuestras ataduras, o luchamos para que otras almas alcancen la Fe.

La oración no es un monólogo, sino diálogo, conversación. Parte importante de la oración, es también escuchar a Dios. El puede hablarnos interiormente, en el silencio del alma. Pero el hablar de Dios al hombre, tiene otro cauce normal: La Sagrada Escritura. Oración y lectura de la Palabra, nos garantizan canales directos de Dios a nosotros.

La oración es la respiración del alma. Y respirar tiene que hacerse constantemente, pues solo así se puede vivir.

Una vida de oración constante, es un constante diálogo del alma con Dios. Si nosotros amamos a Jesús, hablaremos con El, de todos nuestros asuntos, le presentaremos en la oración todo, y lo someteremos todo a su bendición. **1ª Timoteo 2, 8 Romanos 12, 9-12 Santiago 5, 16.**

Les comparto una oración, que Dios me inspiró en una mañana, al despertar y despés la hice con música.

Oh Dios, crea en mí un corazón puro, un espíritu firme pon en mí.

Oh Dios, quiero ser un instrumento de tu voluntad, tu amor, tu paz, tu sabiduría, tu justicia, tu bondad y tu misericordia.

Quiero ser fiel a tu voluntad y tu palabra, y anhelar solamente lo que conviene para mi salvación, mi santificación y la de mis hermanos.

Quiero SER... Lo que Tú quieres que sea.

Quiero ESTAR... Donde Tú quieras que esté.

Quiero SABER... Lo que Tú quieras que sepa.

Quiero HACER... Lo que Tú quieras que haga.

Quiero TENER... Lo que Tú quieres que tenga.

Quiero darte gloria, alabarte, bendecirte y agradecerte, por tomarme como instrumento tuyo y escuchar mi oración. Amén.

Saqué una interesante conclusión: SABER VIVIR LA VIDA ES:

Querer saber y hacer la voluntad de Dios: Amar, bendecir, perdonar, servir, orar, agradecer, compadecer, confiar, alabar, dar...

"SETENTA VECES SIETE" o sea...SIEMPRE.

Para confirmar, sugiero leer las siguientes citas bíblicas:

Salmo 51, 12 Salmo 146, 2 Salmo 148 y Salmo 150

Mateo 26, 39 6, 31-33 18, 21-22 21, 21-22 23, 11-12

Lucas 6, 27-31 y 35-38 10, 27-28 17, 15

Marcos 9, 35 y Daniel 3, 52-90

ARMADURA ESPIRITUAL:

(Hacer todos los días al acostarse y levantarse)

Señor Jesús, Yo... (Nombre y apellidos) te consagro mi mente con sus potencias, sentidos, pensamientos, memoria, consciente, inconsciente y subconsciente; a tu gloriosa Sangre, derramada por Ti, a mi favor. Me sello y protejo con tu Sangre redentora, de todo falso pensamiento, de toda sugestión negativa, de toda falsa imaginación, de todo temor, de todo engaño. Que tu Sangre redentora, Señor Jesús; me limpie, purifique, descontamine y libere y me conceda la gracia de poder tener dominio propio en mi integridad física, psíquica, biológica y espiritual. Amén.

Poderosa Sangre de Salvación, combate al enemigo, en mi cuerpo, mente y espíritu. (3 veces esta jaculatoria, cuando sientas ataques fuertes del enemigo)

EL ÁNGELUS

El Angelus es una devoción piadosa, que se practicaba en grupo, a medio día y al ponerse el sol; en ella se recuerda la Encarnación del hijo de Dios, para nacer de la Virgen María.

Hagamos resurgir esta hermosa devoción, para buscar la unión y el amor de nuestras familias.

El ángel del Señor anunció a María; -Y concibió por obra del Espíritu Santo. **Ave María.**

He aquí la esclava del Señor; -Hágase en mí, según tu palabra. **Ave María.**

El Verbo se hizo carne;-Y habitó entre nosotros. **Ave María.**

Ruega por nosotros, Santa Madre de Dios: Para que seamos dignos de alcanzar las promesas de nuestro Señor Jesucristo. Amén.

Oremos: Derrama Señor tu gracia sobre nuestros corazones; para que quienes hemos conocido por el anuncio del ángel, la Encarnación de tu Hijo Jesucristo, lleguemos por su pasión y su cruz, a la gloria de su Resurrección. Por el mismo Jesucristo nuestro Señor. Amén.

ORACIÓN DE SANACIÓN

Señor Jesús, hoy necesito acercarme a Ti, como el leproso del evangelio, para suplicarte lleno de confianza, que mires la dolorosa situación en que me encuentro.

Jesús, amigo de los pecadores, vida y salud de los enfermos; Tú has sido enviado por el Padre Celestial, con la misión de salvar a la humanidad encadenada por el pecado y lastimada por el dolor y la muerte.

Con grande amor aceptaste la voluntad del Padre, que puso ante Ti, el rostro de todos y cada uno de aquellos, que heridos por el pecado, experimentan el sufrimiento, la fatiga, la desilusión y el miedo.

Contando con el "Sí" valiente y generoso de la Virgen de Nazaret, tomaste un cuerpo como el nuestro, para manifestarnos claramente, que la misericordia de Dios, supera toda justicia. Que la bondad limpia toda mancha de pecado y de impureza. Que definitivamente, tu amor divino, está siempre al alcance de nuestra pobreza.

Yo quiero alabarte y bendecirte por tu admirable obediencia, que no sólo te llevó a caminar por los difíciles y estrechos caminos en que la humanidad realiza su existencia; sino, sobre todo hoy; especialmente hoy, quiero alabarte y reconocer tu máxima prueba de amor, al entregar tu vida en la cruz del calvario, para lavar con tu Sangre mis miserias.

Gracias Jesús, por tu muerte de cruz; muerte de infamia, de deshonra, de condena. Injustamente fuiste llevado al sacrificio, para en la cruz, lavar mis faltas, mis vicios, mis pecados.

Aquí, frente a la cruz, yo te escucho pedirle al Padre por mí, una disculpa: "Perdónales, que no saben lo que hacen". Sí, Jesús; por mucho tiempo, no he sabido a dónde dirigir mis pasos, ni a qué dirección, orientar mis sentimientos. Por eso te he ofendido a Ti. A los que amo, he dañado y mi propio corazón he destrozado.

Señor, con angustia en mi alma, quiero gritarte el dolor que me desgarra; por mi enfermedad, por mi situación familiar, por los problemas que me embargan. Como el salmista, yo repito: "Las lágrimas son mi pan, día y noche no cesan".

Contemplando así tu rostro, desfigurado y maltratado, viendo tus manos clavadas y tu pecho traspasado, puedo humilde, a Ti acercarme descalzo como Moisés, postrado como el leproso, para aclamarte confiado: "Si Tú quieres, puedes limpiarme".

No justifico esta petición en mis obras de bondad, ni en lo recto de mis acciones, ni en la fuerza de mi fe; sólo en tu Amor, Señor; en tu bondad, que como fuente inagotable, fluye incansable y generosa, para los sedientos.

Señor Jesús, necesito hoy, tu poder sanador. Extiende tu mano y tócame. Si estoy en el fango del pecado, rescátame. Si me ves: encadenado por los vicios, libérame; si postrado por la debilidad, fortaléceme. Si estoy en confusión, oriéntame; si en la oscuridad, ilumíname; si quebrantado o deshecho por los problemas o angustias, reconstrúyeme.

Mi corazón traspasado por el dolor, alza su voz para gritarte como el ciego de Jericó: "Jesús, Hijo de David: Ten compasión de mí". Señor, no seas sordo a mi súplica humilde. Con todos los pecadores y enfermos del mundo, te repito: Perdóname, sálvame y libérame. En tus brazos me abandono, como el niño en los brazos de su buen padre; atiéndeme, bendíceme y pacifícame.

Gracias por escucharme. Confío en Ti. Señor Jesús, Buen Pastor y Salvador del mundo… ¡Sálvame! María, Reina de la Paz, intercede por mí. Amén.

Pbro. Guadalupe Santos Pelayo (Heraldo de la Paz).

CANTOS:
CANTARE MI ORACIÓN

(Letra y música de Francisco Javier Velázquez Cárdenas)

ES AL SEÑOR, A QUIEN CANTO MI ORACIÓN; A QUIEN DEBO LO QUE SOY. SU ESPÍRITU VIVE YA EN MI CORAZÓN Y ENCIENDE EN MI, EL FUEGO DE SU AMOR.

Cantaré al Señor, dentro de mi corazón. Y lo alabaré con mi música y mi voz. Mientras viva diré: ¡JESÚS ES MI SEÑOR! Cantaré mi oración, pensando en su amor.

ES AL SEÑOR…

Oraré a mi Dios, en espíritu y verdad. Le diré: ¡SEÑOR, AUMENTA MI BONDAD! Ofreceré por siempre: Mi amor, mi vida a Él. Y gozaré cantando con alegría y Fe.

ES AL SEÑOR…

ACEPTAR TU VOLUNTAD.

(Letra y música de Francisco Javier Velázquez Cárdenas)

Quiero ser, Señor; lo que Tú quieres que yo sea. Quiero estar, donde Tú quieras que yo esté. Quiero saber, lo que Tú quieres que yo sepa. Tu voluntad, Señor, yo quiero hacer.

Quiero tener, Señor; lo que Tú quieres que yo tenga. Quiero aprender a aceptar todo con fe. Saber vivir, como tú quieres que yo viva: Servir y amar, pasar haciendo el bien.

Yo quiero ser un instrumento de tu paz, tu sabiduría y tu voluntad; tu misericordia, justicia y bondad...Y tu palabra, que es vida y es verdad.

Yo quiero ser un instrumento de tu amor, de tu perdón y de tu bendición. Quiero anhelar mi santificación y con mis hermanos, lograr la salvación.

CAPITULO X

YA ES HORA DE CAMBIAR TUS VERBOS

HERMANO (a) Ya es hora de cambiar tus verbos. Pide a Dios, con mucha Fe, hacer un nuevo proyecto de vida y que fortalezca tu voluntad para:

Amar, aprender, aceptar, agradecer, agradar, abrazar, alabar, acompañar, ayudar, alentar, atender, alcanzar, aguantar, avanzar, actuar...

Bendecir, beneficiar, buscar...

Cambiar, confiar, compadecer, consolar, cooperar, creer, crear, comprender, corregir, compartir, crecer, cantar, cumplir, cuidar, callar (lo malo o los defectos)...

Dar, discernir, decidir, defender...

Escuchar, elogiar, entender, evangelizar, enseñar, encontrar, enfrentar, emprender...

Favorecer, fortalecer, facilitar, felicitar...

Glorificar, guiar, gratificar, gozar...

Hacer, hablar (lo bueno o las cualidades)

Iluminar, interceder, inculcar…

Juntar, jugar…

Leer, luchar, lograr, liberar, limpiar…

Meditar, mejorar, motivar…

Necesitar…

Orar, obedecer, ordenar, orientar, olvidar (lo malo, o lo negativo)…

Perdonar, perseverar, proveer, proteger, predicar, pedir, pacificar, progresar, pensar (lo bueno o lo positivo)…

Querer…

Respetar, rezar, reflexionar, rectificar, reconciliar, regalar, renovar…

Sanar, servir, salvar, sonreír, soñar, sostener, socorrer, saludar, sentir, superar…

Trabajar, traer, tranquilizar, triunfar…

Unir…

Vivir, valorar…

Francisco Javier Velázquez Cárdenas.

PIDAN Y SE LES DARA, BUSQUEN Y HALLARAN; LLAMEN A LA PUERTA Y LES ABRIRÁN. **Mateo 7, 7**

Para ser un mejor hijo de Dios y un mejor ciudadano del mundo… **Filipenses 2, 13-15 Mateo 5, 44-48 y Mateo 7, 12**

Cambia tu vocabulario con palabras positivas, para tener:

Una mentalidad positiva, con una firme esperanza y confianza en Dios, y en consecuencia, una excelente salud mental. Piensa y actúa positivamente y seguro te sucederá. El pensamiento positivo, sin darnos cuenta, se traduce en acciones y conductas impulsadas por el subconsciente, que hacen que lo bueno nos suceda.

Altísimo, amor, alabanza, actitud, alegría, armonía, amistad, amabilidad, afecto, ánimo, apoyo, alianza, acción, adelante, agradecimiento, amén.

Bendito, bendición, benevolencia, bondad, bienestar...

Caridad, confianza, compasión, convicción, conversión, corazón, compañía, claridad, cariño, cielo, castidad, cortesía, cordialidad, compromiso, cooperación, conocimiento, concentración, congruencia...

Dios, devoción, dedicación, determinación, decencia, dignidad, disciplina, docilidad, dicha...

Esperanza, entendimiento, entusiasmo, esmero, equilibrio, empatía, excelente, estupendo, entrega, éxito...

Fe, fervor, fidelidad, favor, fraternidad, fortaleza, felicidad...

Generosidad, gracia, grandeza, gratitud, gozo, gentileza...

Hijo, humildad, honestidad, honradez, honorabilidad, heroísmo...

Inspiración, inteligencia, ideal, ilusión, instrumento, ímpetu, iniciativa...

Jesucristo, justicia, júbilo, jovialidad...

Luz, lealtad, limpieza, libertad, laboriosidad...

Madre, misericordia, moral, mansedumbre, milagro, maravilloso...

Nacer, niñez, nobleza, nosotros...

Oración, obediencia, orden, optimismo, observación...

Padre, perdón, paz, piedad, pureza, perseverancia, prudencia, paciencia, puntualidad, propósito, progreso, prosperidad, positivo...

Respeto, responsabilidad, reconciliación, rectitud, renovación, razonamiento...

Sabiduría, santidad, salvación, servicio, sinceridad, solidaridad, serenidad, sencillez, simpatía, superación, sublime, salud, silencio, sanación...

Ternura, templanza, tenacidad, trabajo, tolerancia, tranquilidad...

Unión, unción, universo, útil...

Verdad, vida, valores, voluntad, valentía, valioso...

Francisco Javier Velázquez Cárdenas.

PARA SABER VIVIR... EN CORTO, POR EL CAMINO CORRECTO.

AMOR.- "Amarás a Dios, sobre todas las cosas" Si amas a Dios, amarás verdaderamente a tu prójimo y a toda la creación. Decía San Agustín: "Ama y haz lo que quieras" Pues el que ama, no hace ni desea el mal para nadie...

Romanos 13, 10 1ª. Corintios 13, 1-7 Romanos 12, 9-10

FE.- "Si tuvieras fe, como un granito de mostaza..." "La fe, mueve montañas..." **Hebreos 11, 1 y 6 Santiago 2, 26 Mateo 21, 21-22**

ORACIÓN.- "Vivan orando y suplicando..." "Oren sin cesar" **Efesios 6, 18 1ª. Tesalonicenses 5, 16-18 Filipenses 4, 6**

SERVICIO.- "Siervos, obedezcan a sus patrones de este mundo, con temor" **Efesios 6, 5-8 Colosenses 3, 22-23 Juan 13, 12-16**

VALOR.- "Sométanse a Dios, resistan al diablo y huirá de ustedes" **Santiago 4, 5-10**

CONFIANZA.- "Dios lo sabe todo, Dios lo puede todo y me ama" "Busquen primero el reino y la Justicia de Dios...y esas cosas vendrán por añadidura. **Mateo 6, 31-34 Eclesiástico 2, 6 1ª Pedro 5, 7**

ENTUSIASMO.- "Si Dios quiere, estaremos vivos y haremos esto y lo otro…" **Santiago 4, 13-17**

AGRADECIMIENTO.- "Uno es más feliz, en la medida en que es más agradecido" "Agradezca todo lo bueno que hagan por usted: Diga gracias por todo y a todos"

Lucas 17, 15-16 1ª Tesalonicenses 5, 12 Efesios 5, 20

INICIATIVA.- "Para el que ama, todas las obligaciones están de más. No hace falta que nadie le diga qué tiene que hacer, pues se lo dicta su corazón" "Que cada uno de nosotros, trate de dejar contento a su prójimo, ayudándole a crecer en el bien" **Romanos 15, 1-2**

JUSTICIA.- "No juzguen y no serán juzgados ustedes"

Mateo 7, 1-5 Romanos 12, 19 Lucas 18, 7-8 Isaías 56, 1

SOLIDARIDAD.- "Entonces todo lo que desearían de los demás, háganlo con ellos" **Mateo 7, 12 Lucas 6, 30-31 Gálatas 6, 1-2 1ª Tesalonicenses 5, 11-12**

BENEVOLENCIA.- "El hombre bueno, saca cosas buenas del tesoro que tiene dentro" **Mateo 12, 35 Proverbios 11, 27 y 12, 2 2ª Tesalonicenses 3, 13**

OPTIMISMO.- "Dios dispone de todas las cosas, para bien de los que lo aman" "No se inquieten por cosa alguna, oren y den gracias" **Romanos 8, 28 Filipenses 4, 19**

ALEGRÍA.- "Alégrense en el Señor, en todo tiempo"… "La alegría es la satisfacción de cumplir el deber con caridad" **Filipenses 4, 4-5**

PRUDENCIA.- "Nos hace juzgar rectamente de las cosas que conviene practicar o evitar, para salvarse" "Todo me está permitido, mas no todo me conviene" "No sigan la corriente del mundo en que vivimos" **Romanos 12, 2-3 Proverbios 13, 16 y 17, 27**

GENEROSIDAD.- "Hagamos el bien, sin desanimarnos" **Gálatas 6, 9-10 Tobías 4, 16-17 Proverbios 11, 17 y 24**

CONOCIMIENTO.- "Si entre ustedes, alguno pasa por sabio, según los criterios de este mundo; hágase el que no sabe y llegará a ser verdadero sabio". **Mateo 7, 24-29 1ª Corintios 3, 18-20 Colosenses 2, 2-3**

PERSEVERANCIA.- "Nos sentimos seguros, hasta en las pruebas" **Romanos 5, 3-4 Santiago 1, 12 y 5, 16**

FORTALEZA.- "Todo lo puedo en aquel que me conforta" "Nos confirma en el bien, a pesar de los obstáculos y persecuciones" **Filipenses 4, 12-13 Santiago 1, 12**

TEMPLANZA.- "Modera la propensión al placer sensible y lo contiene dentro de los límites de lo honesto." **Mateo 15, 18-19 Colosenses 3, 5 Gálatas 5, 16-24**

OBSERVACIÓN.- "Examínenlo todo y quédense con lo bueno" "Fíjense en todo lo que encuentren de verdadero, de noble, justo y limpio"... **Filipenses 4, 8 1ª Tesalonicenses 5, 21-22**

CONCENTRACIÓN.- "Y todo lo que puedan decir o hacer, háganlo en el nombre del Señor Jesús"...**Colosenses 3, 17 Santiago 1, 22-25**

SILENCIO.- "El ser que busca y ama el silencio, encuentra el equilibrio. Sólo en el silencio, podremos conocernos, encontrarnos y amarnos a nosotros mismos y valorar a los demás" **Lamentaciones 3, 26 Proverbios 13, 3**

HONESTIDAD.- "Que el que robaba, ya no robe, sino que se fatigue"... "Ama a Dios y guarda su ley. El dinero que no ganas con el sudor de tu frente, no puede hacerte dichoso." **Efesios 4, 28 Proverbios 13, 6**

AMBICION.- "Tiene que ser una sana y recta ambición". "Pidan y se les dará, busquen y encontrarán; llamen a la puerta y les abrirán". **Mateo 7, 7-11 Santiago 4, 1-3**

Francisco Javier Velázquez Cárdenas.

EL MAESTRO DE LA LEY QUE HABLO CON JESÚS.

Quiero compartirles algunas frases dichas por Jesús, a un maestro de la Ley. Veamos los siguientes diálogos:

"Maestro, ¿Qué debo hacer para conseguir la vida eterna?" Jesús le dijo:

"Qué dicen las escrituras, qué lees en ellas?" Contestó: "Amarás al Señor tu Dios, con todo tu corazón, con toda tu alma, con todas tus fuerzas y con todo tu espíritu; y a tu prójimo, como a ti mismo" Jesús le dijo: "Tu respuesta es exacta; **HAZ ESO Y VIVIRÁS**". "¿Quién es mi prójimo?" Le volvió a preguntar. Jesús empezó a decir: "Bajó un hombre de Jerusalén a Jericó y cayó en manos de bandidos, que lo despojaron de todo. Y se fueron después de haberlo molido a golpes, dejándolo medio muerto. En ese momento, bajaba por el camino un sacerdote, quien al verlo, pasó por el otro lado de la carretera y siguió de largo. Lo mismo hizo un Levita, que llegó a ese lugar, lo vio, tomó el otro lado del camino y pasó de largo. Pasó un Samaritano que iba de viaje, lo vio y se compadeció; se le acercó, curó sus heridas con aceite y vino y se las vendó. Después lo montó en el mismo animal que él se transportaba, lo condujo a una posada y se encargó de cuidarlo. Al día siguiente, sacó dos denarios y se los dio al posadero, diciéndole: Cuídalo. Lo que gastes de más, yo te lo pagaré a mi vuelta" Jesús entonces preguntó: "Según tu parecer, ¿Cuál de estos tres, se portó como prójimo del hombre que cayó en manos de los salteadores?" El contestó: "El que se mostró compasivo con él" Y Jesús le dijo: "¡VETE Y HAZ TU LO MISMO!" Lucas 10, 25-37

Jesucristo nuestro Señor, respalda la dignidad que hay entre estos dos mandamientos. No se puede amar a Dios con verdad, con honestidad, si al mismo tiempo no se ama al prójimo. El verdadero amor a Dios, se expresa en la práctica, en el amor al hermano; de manera especial a los que más lo necesitan: Aquellos que viven solos, despreciados, postrados, etc.

No lo olvidemos nunca: **EL VERDADERO AMOR A DIOS, VA LIGADO CON EL AMOR AL PRÓJIMO.** (Cardenal José Francisco Robles Ortega)

Jesús dijo esto a los fariseos: "Lo más importante de La Ley es: **LA JUSTICIA, LA MISERICORDIA Y LA FE"...** y todo esto, debemos aplicarlo en nuestros pensamientos, palabras y acciones. Leer: **Miqueas 6, 8.**

Trabaja honestamente y confía en la Divina Providencia, que nunca falta a quienes confían en ella y se esfuerzan por cumplir los mandamientos divinos.

"Los que temen al Señor, no desobedecen sus mandatos; y los que lo aman, observan sus normas. Los que temen al Señor, buscan complacerlo y los que lo aman, se llenan de su Ley. **Eclesiástico 2, 15-16**

"Y si nuestra conciencia no nos condena, queridos hermanos; acerquémonos a Dios con toda confianza. Entonces, CUALQUIER COSA QUE PIDAMOS, DIOS NOS ESCUCHARA, ya que guardamos sus mandatos y procuramos hacer lo que es de su agrado. Su mandato es: Que creamos a su Hijo Jesucristo y que nos amemos los unos a los otros, como El nos amó. El que guarda sus mandatos, permanece en Dios y Dios en él. Y por el Espíritu que Dios nos ha dado, sabemos que El permanece en nosotros". **1ª de Juan 3, 21-24**

Y si nuestra conciencia nos recrimina, hagamos un buen examen y corrijamos lo que anda mal en nuestras vidas: Un pensamiento, una palabra, obra u omisión. Pidamos perdón a Dios, y El, de alguna manera, mostrará su Amor y Misericordia hacia nosotros. Después le daremos gracias, por darnos la oportunidad de servirle, con los dones que nos ha regalado.

¡DIOS LES BENDIGA EN ABUNDANCIA, LES PROTEJA Y HAGA SU MORADA EN SUS CORAZONES!

Francisco Javier Velázquez Cárdenas.

CANTOS:

¡JESÚS TE AMA!

(Letra y música de Francisco Javier Velázquez Cárdenas)

JESÚS TE AMA CON AMOR ETERNO… PORQUE ES MAS PROBABLE QUE SE MUEVAN LOS CERROS, A QUE EL TE DEJE DE AMAR.

El te acepta así, tal cono eres… Aunque hayas fallado, te perdonará. Perdona tú también a quien no quieres; ama a tu enemigo y así tendrás paz.

JESÚS TE AMA…

"Desde el más sabio, hasta el ignorante; desde el más justo, hasta el gran pecador. Desde el más rico, hasta el miserable; ÁMENSE UNOS A OTROS, COMO LOS AMO YO".

Da al que te pide y no esperes nada, si te quitan lo tuyo, Dios responderá. Todo lo que quieras de los demás, hazlo tú con ellos y recibirás más.

JESÚS TE AMA…

Amarás a Dios, sobre todas las cosas… Y a tu prójimo, como a ti mismo. Y vivirás muchas cosas hermosas y la vida eterna, tu premio será.

JESÚS TE AMA…

YA ES HORA DE CAMBIAR TUS VERBOS.

(Letra y Música de Francisco Javier Velázquez Cárdenas)

Hermano, ya es hora de cambiar… Y es en ti, por donde hay que empezar. Una viga en tu ojo, hay que quitar; lo que pienses, a Dios has de entregar.

YA ES HORA DE CAMBIAR TUS VERBOS, AMAR ES MEJOR QUE ODIAR. PIDE A DIOS EN TUS DESEOS: POR EL BIEN DE LOS DEMÁS.

YA ES HORA DE CAMBIAR TUS VERBOS, COMPRENDER ES MEJOR QUE JUZGAR. PIDE A DIOS QUE TE ILUMINE... LA VIDA ES CORTA, ¡HAY QUE CAMBIAR!

Hermano, ya es hora de cambiar... Sólo Dios te puede transformar. Nuestra vida, de paso, solo está. Vive siempre con Amor y en paz.

YA ES HORA DE CAMBIAR TUS VERBOS, SONREÍR ES MEJOR QUE AGREDIR. Y COMPARTIR UNOS MOMENTOS, PARA HACER A ALGUIEN FELIZ.

YA ES HORA DE CAMBIAR TUS VERBOS, ES MEJOR DAR QUE RECIBIR. COMPARTE CON MUCHA ALEGRÍA, LO MEJOR QUE HAY EN T

FRANCISCO JAVIER VELÁZQUEZ CÁRDENAS

(Cantautor)

Guadalajara, Jalisco. México. (3 de Abril de 1964)

Desde la edad de 12 años, inicia su camino con la música. Participó en su 1er. Concurso de canto en la Escuela Secundaria Técnica N° 14 (Guadalajara, Jal.) quedando en el 3er lugar. A partir de ahí, empezó a componer sus primeras canciones.

A la edad de 16 años, formó en compañía de algunos amigos, el Coro Juvenil "Amistad" en la Parroquia de San Pío X (Febrero de 1980).

Formó parte del Ministerio Diocesano de Canto y Música, siendo cantautor de la Renovación Carismática Católica. (Casa Cornelio, Guadalajara, Jal.)

Es autor de varios temas, reconocidos en la Arquidiócesis de Guadalajara y en varias partes de la República Mexicana: Te ofrecemos Señor, Misericordia Señor, María nuestra esperanza, Himno Billings, etc.

Compuso algunos himnos o cantos lema, para los instructores del Método Billings (Planificación Natural de la Familia), religiosas contemplativas, Pastoral ecuménica y para el programa "Ser familia" de Radio María, en Guadalajara, Jal.

Estudió la Licenciatura en Administración de Empresas, en la Universidad del Valle de Atemajac (UNIVA) participando durante tres años en los festivales de canción mensaje.

Participó en concursos de canto nuevo en su ciudad natal, logrando ser finalista en diferentes ocasiones, con primeros lugares en letras. Además, ha compartido su mensaje, en compañía de su grupo "Alianza", en diferentes escenarios: Teatro Degollado, Teatro Galerías, Auditorio de la UNIVA, Plaza Liberación, plaza del Expiatorio, Café Natanael A.C. etc.

Tiene 3 producciones tituladas: UN NUEVO CORAZÓN con 10 temas, REMEMBRANZAS DE FE con 9 temas y SABER VIVIR 70 veces 7 con 10 temas.

Ha participado como invitado, en algunos programas de estaciones radiofónicas: Entre otros; Radio María, Radio Mujer, etc.

Es miembro de la Pastoral de Músicos Evangelizadores Católicos (PAMEC) en la Arquidiócesis de Guadalajara, Jal. México.

RESUMEN.

La idea de hacer un libro, es compartir la experiencia positiva y las ideas o enseñanzas aprendidas en el transcurso de mi vida, para ser una nueva y mejor persona. Además de compartir algunas de las canciones y oraciones que Dios me ha regalado, como mensaje para todo el mundo.

Que el Señor transforme cada vez más, nuestro corazón endurecido por "tantas cosas", en un corazón misericordioso como el suyo. Para ello, tenemos que reforzar y perseverar en la oración, pues ésta, es el medio más poderoso para caminar con Dios, para vivir abierto a Él, para sentir su presencia amistosa y el mejor medio para conocerlo y reconocerlo en cada persona, en cada acontecimiento y para servirlo con humildad y con amor. Oración que nace de la escucha atenta de su Palabra, pues Dios puede desgarrar tu corazón sombrío y llenarlo de luz; agrandarlo, embellecerlo y poner en él, una fuente que lo riegue, lo ablande y lo enternezca. Su Palabra es: "Espada afilada" es "Fuego ardiente prendido en los huesos" y "Martillo que golpea la peña". Lo más importante, es que tu corazón, tu ser más íntimo y verdadero, se deje alcanzar por esa espada de la Palabra y el Amor de Dios, se deje "triturar por ese martillo", se deje "quemar por ese fuego" y" ablandar por esa agua". Entonces tu corazón será renovado y transfigurado, llegará a ser entrañable y compasivo como el de Dios. Para que ames, te llenes y vivas de misericordia; es decir, que tu vida esté llena de comprensión, compasión, ayuda y perdón, cercanía y solidaridad, amor entrañable.

Esto es: Amando, dejándose amar y viviendo el amor. El que ama y es misericordioso, se diviniza. (Pbro. Francisco Javier Salcido C.)

Pidamos todos los días, que Dios derrame una gota de su Sangre preciosa en nuestro corazón, para limpiarlo, sanarlo, purificarlo y transformarlo; para que sea su morada, por todo el tiempo que nos conceda de vida.

"El mundo cambiará, cuando cambie el corazón de los seres humanos".

Printed in the United States
By Bookmasters